📖 주제

· 진로  · 미래  · 계획  · 도전

📖 활용 학년 및 교과 연계

| | | |
|---|---|---|
| 초등 과정 | 2-1 통합교과 | 봄 2 > 1. 알쏭달쏭 나 |
| | 2-1 국어 | 8. 마음을 짐작해요 |
| | 3학년 도덕 | 2. 인내하며 최선을 다하는 생활 |
| | 4-2 국어 | 6. 본받고 싶은 인물을 찾아봐요 |
| | 4-2 사회 | 3. 사회 변화와 문화의 다양성 |
| | 5-2 국어 | 책을 읽고 생각을 넓혀요 |
| | 5학년 도덕 | 1. 바르고 희망차게 가꾸어 가는 나의 삶 |
| | 5학년 실과 | 6. 일과 직업 탐색 |
| | 6학년 실과 | 4. 나의 진로 |
| | 6학년 도덕 | 1. 내 삶의 주인은 바로 나 |
| | 6-1 과학 | 1. 과학자처럼 탐구해 볼까요? |

# 네 꿈은 뭐니?

초등 첫 인문철학왕 03
## 네 꿈은 뭐니?

**글쓴이** 이경순 | **그린이** 김수연 | **해설** 한지희
**기획편집** 이정희 | **편집** 김민애 박주원
**디자인** 문지현 김수인 | **생각 실험 디자인** 이유리

**펴낸이** 이경민 | **펴낸곳** ㈜동아엠앤비
**출판등록** 2014년 3월 28일(제25100-2014-000025호)
**주소** (03972) 서울특별시 마포구 월드컵북로22길 21, 2층
**전화** (편집) 02-392-6901 (마케팅) 02-392-6900 | **팩스** 02-392-6902
**홈페이지** www.moongchibooks.com | Ch 뭉치북스 Instagram 뭉치북스

※ 잘못된 책은 구입한 곳에서 바꿔 드립니다.
※ 이 책에 실린 사진은 셔터스톡, 위키피디아, 게티이미지뱅크(코리아)에서 제공받았습니다. 그 밖의 제공처는 별도 표기했습니다.

도서출판 뭉치는 ㈜동아엠앤비의 어린이 출판 브랜드로, 아이들의 지식을 단단하게 만들어 주고,
아이들의 창의력과 사고력을 키워 주어 우리 자녀들이 융합형 사고뭉치와 창의뭉치로
성장할 수 있도록 좋은 책을 만들겠습니다.

## 추천사

### '질문'의 힘! '생각'의 힘!
### '미래 인재'로 가는 힘!

어린이와 학부모님들께 《초등 첫 인문철학왕》을 추천할 수 있어서 매우 기쁩니다. 어린이들이 이 시리즈를 통해 '나'에 대해, 나와 공동체 사이의 소통에 대해, 세상의 이치와 진리에 대해 마음껏 질문하고 생각하기를 바라기 때문입니다. 그렇게 되면 창의적으로 문제를 해결하는 힘 또한 커질 수 있다고 믿기 때문이지요.

'제4차 산업혁명의 시대'라는 말처럼 우리는 모든 것이 혁신적으로 변화하는 시대에 살고 있습니다. 스마트폰, 인공 지능, 첨단 로봇 등 새로운 기술과 지식이 나오는 속도도 이전과 비교할 수 없을 정도로 빨라졌지요. 세상에 넘쳐나는 지식과 정보는 이제 누구나 쉽게 구할 수 있고, 개인의 두뇌에 담아낼 수 있는 용량을 넘어선 지 오래입니다. 결국 이 시대의 아이들에게 필요한 것은 지식보다는 그 지식을 다루는 지혜와 창의성 아닐까요?

7차 교육과정 개정 이후 학교 교육도 이러한 시대 흐름에 맞추어 미래 사회가 요구하는 인문학적 상상력과 과학기술 창조력을 두루 갖춘 창의융합형 인재를 양성하는 것을 목표로 합니다.

'철학'은 '지혜를 사랑하는'이란 뜻을 가진 말입니다. 이 학문은 여러분처럼 모든 것에 호기심 많았던 철학자들로부터 시작됩니다. 아주 오래전부터 인간, 사회, 자연, 우주, 진리 등 다양한 분야에서 다른 사람들보다 더 깊이, 더 많이, 그리고 아주 끈질기게 했던 수많은 질문과 탐구를 하며 만들어졌습니다.

마치 높은 곳에 올라가면 마을 전체를 내려다볼 수 있는 넓은 시야를 얻게 되듯이, 철학을 한다는 것은 하나의 문제를 더 큰 눈으로 볼 수 있게 되는 것이랍니다. 그러면 어떤 점이 좋을까요? 더 넓게 보는 눈, 더 깊이 있게 보는 눈, 다른 사람들이 생각하지 못한 부분들을 상상하고 찾아낼 수 있는 눈이 생깁니다. 또 우리 앞의 문제들을 자신만의 창의적인 방법으로 해결할 수도 있고, 그 문제를 해결하다가 다른 더 큰 문제를 발견하여 미리 처리할 수도 있습니다.

《초등 첫 인문철학왕》은 바로 그러한 생각의 눈을 아주 활짝 열어 줄 것입니다. 주제와 관련된 재미있는 동화, 이와 연결된 깊이 있는 인문 해설과 철학 특강, 창의·탐구 활동 등으로 구성된 시리즈는 아이들이 세상에 넘쳐 나는 지식을 지혜롭게 다루는 힘을 길러서, 문제해결력을 갖춘 창의적 인재로 성장할 수 있게 해 줄 것입니다.

그러니 이 책을 읽으며 여러 분야에서 떠오르는 호기심과 질문들을 혼자만 가지고 있지 말고 친구, 가족과도 나누어 보시길 바랍니다. 모두가 질문하고 생각하는 힘이 생긴다면, 어려운 문제들을 함께 해결해 나가는 공동체를 만들 수 있겠지요?

이 책을 읽는 여러분들 모두, 그런 멋진 공동체를 하나둘 만들어 나가는 지혜로운 미래 인재가 되기를 기대합니다.

이지애 드림
(이화여대 철학과 부교수, 한국 철학교육 학회 회장)

# 초등 첫 인문철학왕
## 이렇게 활용하세요!

### 생각 실험

생각 실험은 어떤 사실을 알기 위해 여러 가지 실험과 사례를 연구하는 것이에요. 철학이나 자연 과학 분야 등에서 널리 사용되는 방법이에요. 권마다 주제에 관련된 실험, 유명한 인물의 사례 등을 읽으며 상상력과 문제 해결력을 키워 보세요.

### 만화 & 동화

40권의 인문 철학 주제별로 아이들의 생활 세계 속 이야기, 패러디 동화 등이 다양하게 펼쳐져요. 처음과 중간은 만화, 본문은 그림 동화로 되어 있어서, 재미난 이야기에 푹 빠질 수 있어요.

## 인문철학왕되기

오랫동안 어린이들과 함께 철학 수업을 연구하고 진행해 온 한국 철학교육연구원 소속 교수와 연구진들이 집필했어요.

**소쌤의 철학 특강, 인문 특강, 창의 특강**으로 구성되었어요. 주제와 이야기 안에 숨겨진 철학적 문제들에 대해 함께 답을 찾아갈 수 있도록 깊이 있는 토론과 특강, 그리고 재미있는 활동으로 구성되었어요.

난 질문하는 **소크라테스**! 문제를 해결할 수 있도록 도와주지!

난 **뭉치**. 같이 생각하고 토론하지!

난 늘 창의적인 **새롬**이!

난 생각이 깊은 **지혜**!

## 교과 연계

각 권마다 최신 개정 교과서 단원과 연계되어 교과 학습에 도움이 되도록 구성되었어요. 권별로 확인하세요.

# 이 책의 차례

추천사 ········· 4
구성과 활용 ········· 6

**생각 실험** 부자가 꿈이 아니었던 사람이 있었다고? ········· 10

**만화** 잘하는 것? 좋아하는 것? ········· 20

## 꿈, 그게 뭘까? ········· 22
- **인문철학왕되기1** 내 꿈은 뭘까?
- **소쌤의 인문 특강** 도로시 친구들의 꿈은 뭐였을까?

## 내 꿈이니까 내 맘이야! ········· 46
- **인문철학왕되기2** 잘못된 꿈도 있을까?
- **소쌤의 인문 특강** 빌리 엘리어트의 특별한 꿈

| 만화 | 어떤 꿈을 꾸어야 할까? ·········································· 66

**알아야 꿈을 꾸지!** ································································ 74
　　인문철학왕되기3　내 꿈을 찾아볼까?
　　소쌤의 창의 특강　작은 꿈을 이루는 과정

**괜찮아, 다 괜찮아!** ································································ 100
　　인문철학왕되기4　만일 나라면?
　　창의활동　위인들의 꿈 찾기

## 생각실험

## 부자가 꿈이 아니었던 사람이 있었다고?

1900년대 초까지 전 세계적으로
**매년 50만 명의 소아마비 환자가** 발생했어요.
**소아마비는 근육의 신경 세포가 파괴되는 병**으로,
어린이가 이 병에 걸리면 200명 중 1명은
팔이나 다리가 마비된 상태로 평생을
살아가야 했어요.

1947년, 미국에서는 **소아마비 퇴치를 위한 재단**을
설립했고 백신 연구를 시작했어요.
그 연구자가 바로 **조너스 소크 박사**였답니다.

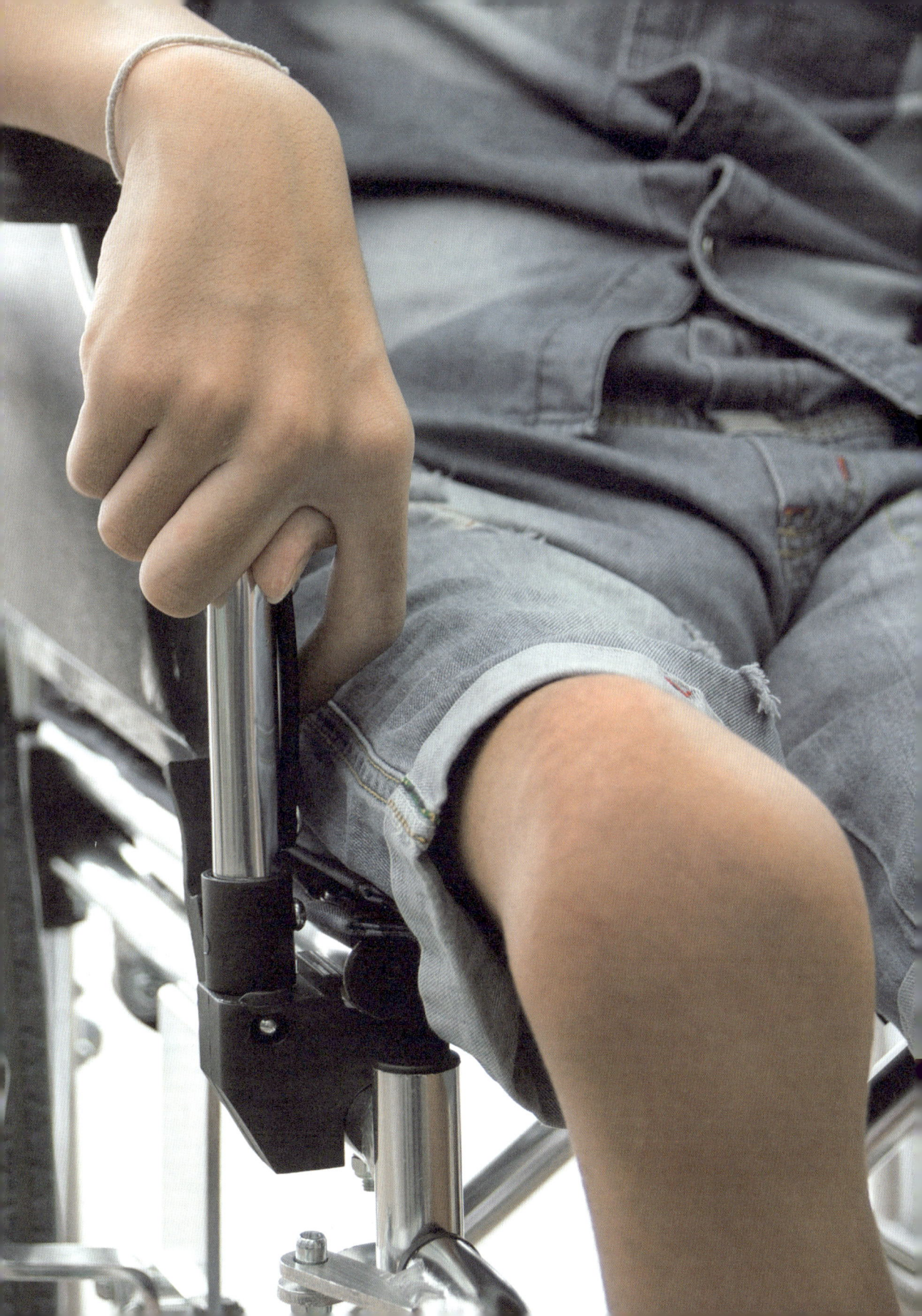

**200번이나 되는 실패를 거듭한 결과**
1953년 3월 26일, 소크 박사는
드디어 **백신 개발에 성공**했어요.
백신 개발 소식이 알려지자마자
여러 제약 회사들이 소크 박사를 찾았어요.
바로 **백신 특허를 신청**해서 부자로 만들어 준다는
달콤한 제안이었지요.

**특허란?** 특허법·실용신안법·의장법(意匠法)에 따라 발명·실용신안·의장에 관하여 독점적·배타적으로 가지는 지배권을 말해요. 특허청에 출원하여 심사를 거쳐 등록함으로써 발생하며, 출원 공고일부터 20년간 유지됩니다. 특허권이 있는 물건을 마음대로 갖다 쓰거나 베끼면 법으로 처벌을 받는답니다.

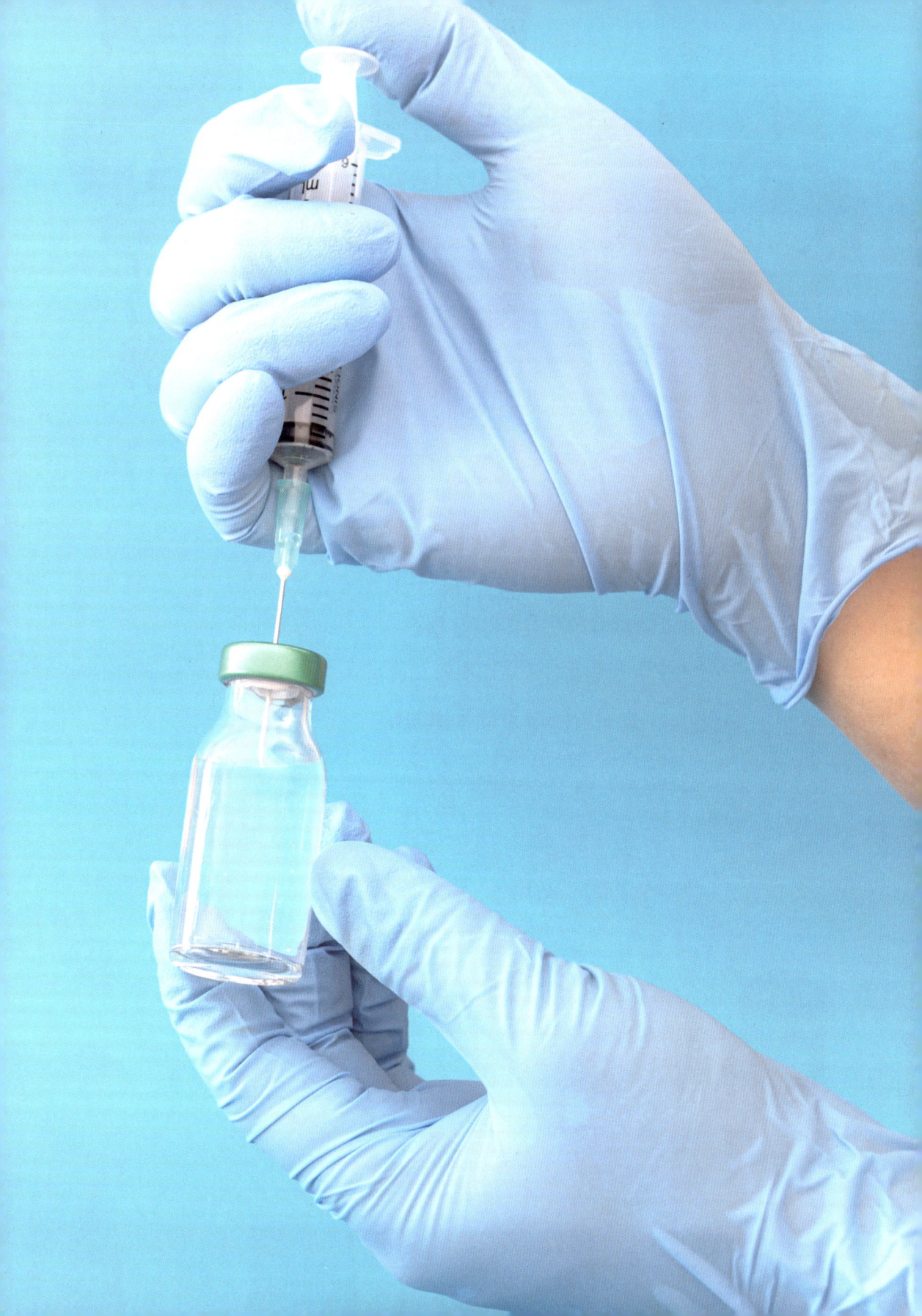

"하지만 내 꿈은 부자가 아닙니다.
내가 소아마비 백신을 개발한 것은
세상 모든 사람들이 소아마비의 고통에서
벗어나기를 바라는 마음 때문입니다."

소크 박사는 **백신 특허 신청을 포기**하고 백신 제조법을 누구나 사용할 수 있도록 공개했어요. 이로써 누구나 **적은 돈으로 소아마비 백신**을 맞을 수 있게 된 거예요.

감사합니다, 박사님!

7년 동안 백신 연구 개발에 매진하여 성공하고, **전 세계에 무료로 공개**한 소크 박사의 신념 덕분에 소아마비는 이제 대부분의 나라에서 찾아보기 어려운 전염병이 되었어요.

"당장 부자가 되는 것보다 인류를 위해 일하는 게 훨씬 가치 있는 일이야."

여러분이 소크 박사라면
백신 개발로 부자가 되는 꿈을
포기할 수 있나요?

"부자가 되는 꿈을 꾸는 게 나쁜가?
내가 도둑질한 것도 아닌데 말이야.
특허 신청으로 돈도 벌고
사람들의 목숨도 구하고 싶어."

## 꿈, 그게 뭘까?

수호는 가방에서 꾸미기 숙제를 꺼냈어요.

하얀 종이에 꽃잎 다섯 장이 그려져 있습니다. 꽃잎마다 '좋아하는 음식, 꿈, 가족……' 같은 걸 적어 넣게 되어 있어요.

수호는 막힘없이 착착 써 나갔어요. 그러다 '꿈'에서 잠깐 생각에 잠겼다가 이내 '화가'라고 써 넣었어요. 그림 그리는 시간이 좋고 즐겁거든요.

색연필을 꺼내서 이파리를 초록색으로 칠했어요. 꽃잎에 분홍색을 칠하고 있을 때 현관문이 열리더니 딱따구리 아줌마랑 호호 아줌마가 들어왔어요. 엄마랑 봉사 가는 날인가 봅니다. 엄마는 한 달에 두 번씩 혼자 사는 어르신들 댁을 방문해서 청소해 주거든요.

"수호 숙제하는구나."

호호 아줌마가 호호 웃으며 말했어요.

"와, 우리 수호 꿈은 화가네. 그럼 그림을 아주 잘 그리겠다!"

딱따구리 아줌마가 꾸미기 숙제를 빠끔히 들여다보며 말했어요.

딱따구리 아줌마는 앉았다 하면 '따따따' 쉬지 않고 말을 한다고 누나가 붙인 별명이에요. 호호 아줌마는 늘 호호 웃어서 붙인 별명이고요. 볼 때마다 누나가 별명 하나는 정말 잘 지었다 싶어요.

"어머나, 수호는 정말 멋진 화가가 되겠는걸. 저 그림 좀 봐. 너무 잘 그렸다, 호호."

호호 아줌마가 거실 한쪽에 붙은 그림을 보며 말했어요.

그 바람에 모두의 눈길이 그쪽으로 쏠렸어요. 수호도 거실 벽을 올려다봤어요.

거기엔 그림 세 장이 붙어 있어요. 맨 앞쪽 그림은 누나가 그린 거예요. 엄마, 아빠, 누나, 수호가 아침 운동을 하는 모습이에요. 운동하는 모습이 꼭 사진 같아요. 수호가 봐도 잘 그렸어요. 그 옆으로 붙은 두 장은 수호가 그린 거예요. 한 장은 달팽이 두 마리가 꽃밭에서 노는 것이고, 또 한 장은 코끼리가 물가에서 긴 코로 물을 마시는 모습이에요. 수호도 그 그림들이 썩 마음에 들었지만

 칭찬 때문인지 더 멋져 보였어요. 어깨도 저절로 쫙 펴졌어요.
 "세상에, 저건 그림이 아니라 사진이네, 사진! 어쩜 가족 얼굴을 저렇게 똑같이 그렸을까."
 딱따구리 아줌마의 한마디에 수호는 그만 어깨에서 힘이 쭉 빠졌어요.
 "그건 큰애가 그린 거고, 그 옆에 있는 그림이 우리 수호가 그린

거예요."

엄마가 바삐 외출 준비를 하며 안방에서 소리쳤어요.

"응? 저…… 저거?"

그림과 수호를 번갈아보던 딱따구리 아줌마가 쿡, 웃음을 토해 냈어요. 그러다 얼른 손으로 입을 틀어막았어요.

"하긴 뭐…… 저 그림도 잘 그렸네. 회오리바람에 눈도 달리고……. 상상력이 정말 풍부하다."

딱따구리 아줌마가 웃음을 참느라 애쓰는 모습이 수호 눈에 훤히 보였어요.

"호호, 그러게. 물을 쭉쭉 빨아올리는 저 물탱크 좀 봐. 저렇게 살아 있는 물탱크가 있으면 농사짓기도 얼마나 수월하겠어. 미래의 화가는 정말 다르다니까. 호호."

호호 아줌마의 말은 비 맞은 수호를 진흙탕 속으로 처넣는 꼴이었어요. 수호는 왈칵 눈물이 쏟아지려 했어요.

"수호야, 바둑 학원 갈 시간 다 되지 않았어? 숙제는 다녀와서 하렴."

엄마가 말했어요.

수호는 다행이다 싶었어요. 얼른 꾸미기 숙제를 챙겨서 방으로 들어갔어요.

"어머, 수호 바둑 학원 다니니?"

딱따구리 아줌마의 놀란 목소리예요.

"바둑을 두면 머리가 좋아진대서 보냈는데 제법이에요. 바둑도 급수 시험이 있더라고요. 30급부터 시작하는데 다닌 지 얼마 안 됐는데도, 글쎄 23급을 땄지 뭐예요."

엄마의 웃음소리만 들어도 다 알아요. 입이랑 눈이 얼마나 활짝 웃고 있는지요.

"수호 바둑 잘 두는구나. 그럼 '화가'보다는 '프로 바둑 기사'를 꿈으로 하면 좋겠다. 호호."

"어머나! 바둑 기사 좋다. 잘하면 평생 먹고살 걱정 없잖아. 우리 애는 특별한 재주도 없고 뭘 시켜야 할지 모르겠네."

아줌마들이 하하, 호호 웃어 대니 수호는 귀가 다 아플 지경이었어요.

수호는 방문을 살짝 닫고 책상 앞에 앉았어요. 바둑 학원 가기 전에 숙제를 끝내 놓고 싶었어요.

'프로 바둑 기사.'

수호는 속으로 중얼거렸어요.

엄마 말대로 수호는 바둑도 좋았어요. 바둑돌로 자기만의 집을 짓는 게 재밌어요. 상대편이 어떤 집을 지으려는지 읽어 내는 것도 재밌고, '단수' 하고 외칠 때는 가슴이 찌릿하기까지 해요. 바둑 교실 선생님도 수호더러 바둑을 잘 둔대요.

'그럼 나는 바둑 기사가 되어야 할까?'

수호는 '꿈' 칸에 '화가'라고 적은 걸 지웠어요. 하지만 뭘 써야 할지 모르겠어요. 잘하는 걸 써야 할지, 좋아하는 걸 써야 할지 고민이 되었어요.

"꿈 칸은 여러분이 이다음에 되고 싶은 걸 쓰는 거예요."

선생님은 분명 이렇게 말했어요. 잘하는 게 아니고 되고 싶은 거라고 말예요.

'나는 화가가 되고 싶은데…….'

하지만 화가가 되긴 다 틀렸어요. 달팽이를 회오리바람이라잖아요. 물 먹는 코끼리는 어떻고요.

결국 수호는 아무것도 써 넣지 못했어요.

수호는 아직도 이야기를 나누는 엄마랑 아주머니들에게 인사하

고 집을 나섰어요.

바둑 학원은 집에서 가까워서 걸어 다녀요.

상가 모퉁이를 돌 때였어요.

"수호야, 바둑 학원에 가?"

짝꿍 정민이 목소리였어요. 수호는 목소리를 따라 상가를 올려다봤어요. 역시 정민이예요. 정민이 엄마는 상가에서 화장품 가게를 해요.

"거기 잠깐만 기다려!"

정민이는 수호가 대답할 새도 없이 사라졌어요. 얼마 안 있어 정민이가 상가 문을 열고 달려 나왔어요. 언제나처럼 생글생글 웃으면서요. 잘 웃어서 그런지 수호는 정민이를 보면 늘 기분이 좋아요.

"나, 오늘도 바둑 학원 따라 갈래."

정민이 말에 수호는 며칠 전 일을 떠올리며 고개를 저었어요.

정민이가 자꾸만 바둑 학원을 따라가고 싶대서 데려갔거든요. 가기 전에 조용히 있겠다고 몇 번이나 다짐도 받았어요. 처음엔 약속을 잘 지켰어요. 그런데 조금 지나자 여기저기 기웃거리며 가만있질 못하는 거예요.

"수호야, 언제 끝나?"

"이 많은 돌을 다 놓는 거야?"

옆에 찰싹 붙어 앉아 쉬지 않고 종알거렸어요. 대국(바둑이나 장기를 마주 대하여 둠.) 중인데 말예요. 23급인 수호가 15급인 형을 이기려면

아주아주 집중해야 해요. 그런데도 정민이는 아랑곳하지 않았어요. 게다가 바둑돌이 먹힐 때마다 "아하하, 수호 돌 죽었다!" 하고 깔깔거리며 소리치는 거예요.

나중에는 마구 짜증이 났어요. 그래도 꾹 참고 화를 내진 않았지만 바둑 교실을 나오면서 다짐했어요. 다시는 정민이를 데려오지 않기로 말예요.

"오늘은 진짜 가만히 앉아 있을게. 응? 약속해. 정말이야. 응? 응? 응?"

정민이는 수호 팔을 붙잡고 거푸 콧소리를 냈어요. 정민이는 곧잘 그래요. 하고 싶거나 먹고 싶은 게 있을 때도 말이지요. 정민이네 집에 처음 놀러 갔을 때 아기처럼 그러는 걸 보고 얼마나 웃겼는지 몰라요. 그런데 아줌마는 '안 돼!' 했다가도 얼마쯤 지나면 정민이 말을 다 들어주는 거예요.

그래서 수호도 엄마한테 한 번 써먹어 봤는데 된통 혼만 났어요. 2학년이나 되어 가지고 아기처럼 군다고 말예요. 엄마는 수호가 벌써 다 컸다고 생각하나 봐요.

"정민아, 갔다 와서 놀자."

수호는 조금 화가 난 표정으로 말했어요. 더 이상 칭얼대며 매달리지 못하도록 말예요. 정민이도 이제 아기가 아니란 걸 알아야 하니까요.

"그때는 발레 학원 가야 한단 말이야."

"발레 학원? 넌 학원을 왜 그렇게 많이 다녀?"

수호는 눈이 둥그레졌어요. 정민이는 수영 학원도 가고, 피아노 학원도 다녀요. 또 집에 학습지 선생님도 오신대요. 그런데 발레 학원도 가야 한다니. 그런 정민이가 조금 불쌍해 보입니다. 수호는 겨우 바둑 교실 하나만 다니는데도 놀 시간이 별로 없는 것 같거든요.

"몰라. 엄마가 가래. 그럼 나중에 훌륭한 발레리나가 될지도 모른대."

정민이는 입이 한 주먹이나 튀어나왔어요.

수호는 정민이의 말을 듣는 순간 꾸미기 숙제가 떠올랐어요.

"정민아, 넌 발레리나가 되는 게 꿈이야?"

"아니. 나는 이다음에 맛있는 거 많이 먹으러 다니는

사람이 될 거야."

정민이 말에 수호는 그만 웃음이 터졌어요. 세상에, 맛있는 거 많이 먹으러 다니는 사람이 되겠다니, 역시 엉뚱한 정민이다워요. 정민이는 먹는 걸 정말 좋아해요. 이리저리 쏘다니는 것도 좋아해서 한곳에 가만있지를 못 합니다.

"수호야, 응? 이번에 진짜야. 진짜 네 옆에서 인형처럼 있을게. 인형처럼 움직이지도 말하지도 않을게. 자, 약속!"

정민이가 새끼손가락을 내밀며 간절한 표정을 지었어요. 정민이가 그런 표정을 지으면 수호는 그만 스르르 마음이 약해져요.

"정말 인형처럼 가만 앉아 있을 거지? 이리저리 안 돌아다니고, 종알종알 떠들지도 않고?"

수호가 묻자 정민이는 얼굴 가득 웃음을 담고서 크게 고개를 끄덕였어요.

"좋아, 한 번만 더 믿어 볼게."

수호가 입술까지 앙다물며 새끼손가락을 내밀었어요. 정민이는 거푸 고개를 끄덕이며 새끼손가락을 걸고 손바닥에 손가락 사인까지 하며 굳게 약속했어요.

하지만 정민이는 그 약속을 지키지 못했어요. 아니, 지키긴 했어요. 말이 하고 싶을

때마다 자기 입을 오리 주둥이처럼 내밀어서 손으로 꽉 잡고 눌렀지요. 그러다 숨이 막힌다며 요란하게 기침을 해 대는 바람에 바둑을 두던 아이들이 모두 깜짝 놀랐어요.

목마르다는 핑계로 몇 번이나 휴게실을 들락거렸고요. 그 바람에 수호는 바둑에 정신을 모을 수 없었어요. 사범님도 정민이가 움직일 때마다 쳐다보셨거든요.

'다시는, 바둑 학원에 안 데려갈 거야!'

수호는 집으로 돌아오는 내내 다짐을 했어요.

집으로 오자마자 수호는 책상 앞에 앉아 꾸미기 숙제를 꺼냈어요.

'프로 바둑 기사.'

머릿속으로 '꿈' 난에 이렇게 써 넣었어요. 이내 고개를 저어서 지웠어요. 이번에는 '화가'라고 써 넣었어요. 하지만 머리를 흔들어 다시 지웁니다.

수호는 한숨을 푹 내쉬었어요. 머릿속에 먹구름이 잔뜩 낀 기분이에요.

"야, 아까부터 혼자 뭘 그리 괴로워하냐?"

거실 소파에서 휴대 전화를 보고 있던 누나가 수호 방으로 느릿느릿 걸어왔어요.

"누나는 꿈이 뭐야?"

"꿈이라는 건 말이야, 네가 이다음에 되고 싶은 직업을……. 참, 너 직업이 뭔지 모르지?"

"나도 알아!"

수호는 얼굴을 확 찡그렸어요. 누나는 언제나 저렇게 잘난 척입니다.

"야, 알면 아는 거지 왜 짜증이야?"

"무시하니까 그렇지."

"그럼 네 맘대로 해라. 가르쳐 주는데도 싫다니, 나도 입 아프게 말 안 해."

누나가 팩 토라졌어요.

"알겠어. 미안해, 누나. 그래서 누나 꿈은 뭔데?"

수호는 지금은 누나 기분을 맞춰 주는 게 좋겠다 싶었어요. 어서 꾸미기 숙제를 끝내야 하니까요.

"난 미용사가 될 거야. 사람들 머리 예쁘게 해 주는."

"누나, 그건 누나가 잘하는 거야, 아니면 좋아하는 거야?"

누나는 멍한 얼굴로 눈만 슴벅거렸어요. 그러다 이마를 찡그렸어요.

"야, 넌 뭘 그리 따져. 그냥 아무거나 써 넣어."

"아무거나 써 넣으면 안 돼. 되고 싶은 걸 적으랬단 말이야."

"그럼 되고 싶은 걸 쓰면 되겠네."

"그런데 되고 싶은 걸 잘 못한단 말이야."

"뭐가 되고 싶은데?"

"화가."

"뭐, 화가?"

갑자기 누나가 깔깔거리며 웃어 댔어요. 손뼉까지 치면서요. 순간 수호는 기분이 나빴어요.

"누나도 내가 그림 못 그린다고 웃는 거지?"

"야, 화가가 되려면 그림을 좀 잘 그려야지."

"거봐. 누나도 그러잖아. 되고 싶은 게 있으면 잘하라고."

누나는 다시 눈을 슴벅거렸어요.

"그야 아예 못하면 되기 힘드니까 그렇지."

생각에 잠겼던 누나가 정답을 찾은 듯 힘주어 말했어요.

그때 현관문이 열리고 엄마가 들어왔어요.

누나가 엄마한테로 쪼르르 달려갔어요.

"엄마, 자기가 잘하는 걸 꿈으로 하는 게 좋아요, 아니면 좋아하는 걸 하는 게 좋아요?"

"우리 수호, 숙제 때문에 고민하고 있구나? 글쎄…… 잘하는 걸 직업으로 하고, 좋아하는 걸 취미 생활로 하면 어떨까? 잘하는 걸 직업으로 하면 훨씬 힘이 덜 들 테니까."

그 순간 수호는 엄마 꿈이 궁금했어요.

"엄마도 꿈이 있었어요?"

"그럼. 내 꿈은 누군가에게 도움 주는 사람이 되는 거였어."

"에계, 꿈이 그게 뭐야!"

누나가 이해할 수 없다는 표정으로 엄마를 봤어요.

인문철학 왕 되기

# 내 꿈은 뭘까?

수호는 왜 꿈을
쉽게 정하지 못할까요?
빨리 꿈을 정해야 숙제를
끝마칠 수 있을 텐데 말이에요.

프로 바둑기사?

너희들의 꿈도 궁금하구나.

내 꿈은 새로운 걸 만들어서 세상을 깜짝 놀라게 하는 거예요.

난 꿈을 이루는 사람이 되는 게 꿈이에요! 그런데 소크라테스 선생님은 꿈이 뭐였어요?

아픈 사람을 돕는 꿈을 이루는 방법도 하나만 있는 건 아니에요. 의사나 119 구급 대원이 될 수도 있으니까요.

나는 나 자신과 내가 사는 세상에 대해 알고 싶었단다. 그래서 철학자가 되었지. 하지만 나와 세상을 알기 위해 '생각하는 방법'이 아니라 '관찰하고 실험하는 방법'을 택했다면 과학자가 되었을 거야.

그러고 보니 꿈이 곧 직업은 아니네요.

직업은 꿈을 나타내는 한 가지 방법이지. 꿈을 이루는 방법이기도 하고. 꿈은 무엇보다 사람들이 간절히 원하는 바람이란다.

## 소쌤의 인문 특강

### 도로시 친구들의 꿈은 뭐였을까?

미국의 동화 작가 바움이 쓴 『오즈의 마법사』의 주인공 도로시는 오즈의 마법사를 만나러 강아지 토토와 함께 에메랄드 시로 향했단다. 도중에 도로시는 머리가 밀짚으로 채워진 허수아비를 만나는데, 그의 소망은 '지혜'를 얻어 훌륭한 인간이 되는 것이었지. 다음으로 도로시는 양철 나무꾼을 만났어. 나무꾼은 못된 마녀의 소행으로 예쁜 먼치킨 아가씨에 대한 사랑마저 느낄 수 없게 되어 버렸단다. 나무꾼은 마법사에게 '마음'을 갖게 해 달라는 소원을 빌 생각이었지. 이어서 도로시 일행이 만난 겁쟁이 사자의 소망은 마음을 졸이지 않고 행복하게 사는 것이었어. 오즈의 마법사에게 '용기'를 달라고 부탁하려고 사자도 도로시 일행과 함께 길을 떠났단다.

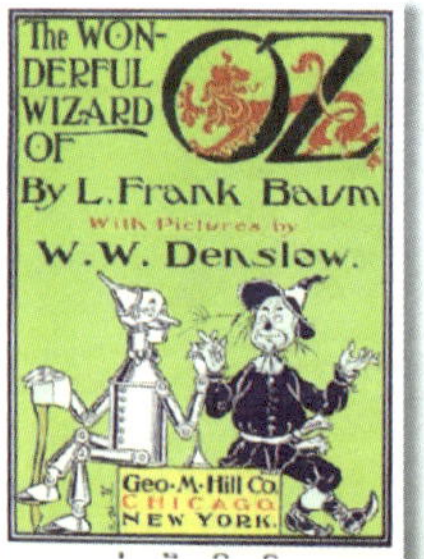

『오즈의 마법사』 1편 표지 (총 14편)

『오즈의 마법사』 연극 포스터

도로시 친구들의 꿈이 뭐였는지 빈칸을 채워 볼까?

나만큼 큰 걸 잃은 사람이 있을까. 난 _____을 얻어 먼치킨 아가씨와 결혼할 거야.

이 세상에서 욕심낼 건 _____밖에 없어. 난 멋진 생각을 하는 사람이 될 테야.

동물의 왕이 겁쟁이라니 너무 슬퍼. 난 _____를 얻어 당당하게 살고 싶어!

도로시와 허수아비, 양철 나무꾼, 겁쟁이 사자의 꿈은 다 달랐어. 하지만 그들이 진정 원하는 것은 결국 **행복**이 아니었을까?

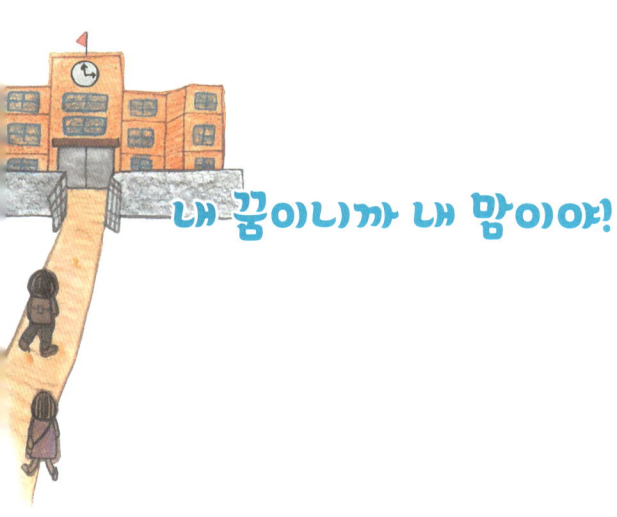

## 내 꿈이니까 내 맘이야!

　수호는 터덜터덜 걸었어요.

　숙제를 못 하고 학교 가는 건 처음이에요. 하지만 누나 말대로 아무거나 써 넣기는 싫었어요.

　학교가 가까워질수록 발걸음은 더욱 무거워졌어요.

　"야, 이수호! 같이 가!"

　괄괄한 목소리가 뒤통수로 날아왔어요.

　목소리만 들어도 누군지 알아요. 덜렁덜렁 언제나 걱정 없는 광수예요. 수호는 천천히 돌아봤어요. 깡충거리는 광수의 발걸음은 솜털마냥 가볍습니다.

　"어, 이수호! 너 왜 또 죽상(거의 죽을 것처럼 괴로워하는 표정.)이야? 무슨 일 있어?"

광수가 물었어요.

"넌 꾸미기 숙제 다 했어?"

수호의 물음에 광수는 활짝 웃으며 고개를 끄덕였어요.

"좋겠다. 난 아직 꿈을 못 적었어."

"아, 숙제를 안 해서 죽상이었구나."

"안 한 게 아니라 못 한 거야."

"그거나 그거나!"

"그거나 그거나 아니거든. 안 한 건 할 수 있는데 안 한 거고, 못 한 건 하고 싶은데 할 수 없었던 거야. 그러니까 그거나 그거나는 아니지."

"어휴, 또 시작이네. 네가 따지기 시작하면 난 머리가 아파. 그래서 왜 못 했는데?"

광수는 '왜 못 했는데?'에 힘을 주며 눈을 반짝였어요. 한 번도 숙제를 안 해 온 적이 없는 수호였거든요.

수호는 한숨부터 내쉬었어요.

"좋아하는 걸 꿈으로 해야 할지, 잘하는 걸 꿈으로 해야 할지 몰라서."

"그야, 좋아하는 걸 해야지. 그래야 재밌잖아."

광수는 잠시의 고민도 없이 딱 잘라 말했어요. 수호는 한편으로는 그런 광수가 부러웠어요.

"넌 뭐로 했는데?"

수호의 질문에 광수는 입에도 눈에도 웃음이 걸렸어요. 생각만 해도 즐거운가 봐요.

"내 꿈은 말이야……."

말하려다 말고 광수가 입을 꾹 다물었어요. 눈에 장난기가 그득했어요. 눈도 반짝반짝 빛났어요.

"금방 말해 주면 재미없지. 히히, 너 생각하는 거 좋아하잖아. 스무고개 하자."

"그냥 말해 주면 안 돼? 나 지금 그런 거 할 기분 아냐."

수호는 다시 한숨을 내쉬었어요.

"그럴수록 더 딴생각을 해야 하는 거야. 그럼 열 고개만 하자! 특별히 시작하기 전에 내가 아주 중요하고 대단한 도움말도 하나 줄게. 응?"

광수가 어깨로 수호 어깨를 톡톡 치며 졸랐어요. 하는 수 없이 수호는 고개를 끄덕였어요.

"자, 그럼 아주 중요하고 대단한 도움말 준다. 내 꿈은 시시하게 걸어 다니는 게 아냐."

광수는 말하고 나서 다시 낄낄대며 웃었어요. 무슨 꿈인데 저렇게 즐거울까요.

'시시하게 걸어 다니는 게 아니라고?'

그 순간 수호는 기억 하나가 떠올랐어요.

얼마 전, 학교 끝나고 광수랑 집에 가는 길이었어요. 오토바이 탄 경찰 아저씨가 지나가자 광수는 "와, 멋지다! 나도 나중에 저런 경찰 아저씨 되어야지!"라고 거푸 중얼거렸어요.

그 생각을 하자 수호는 실실 웃음이 나왔어요.

"치, 열 고개 할 것도 없다 뭐. 경찰이지? 오토바이 타는 경찰

아저씨, 교통 순찰대 같은 거 말이야."

수호가 자신만만하게 말했어요.

"땡!"

광수가 우렁차게 소리치고는 깔깔거렸어요. 재밌어 죽겠다는 표정입니다.

"아니라고? 시시하게 걸어다니는 게 아닌데……."

수호는 어리둥절해져서 다시 머릿속 생각을 굴렸어요.

"좋아. 바퀴 달린 걸 타나요?"

"예."

광수가 고개까지 끄덕이며 웃었어요.

"바퀴가 4개인가요?"

수호가 묻자 광수는 생각에 잠겼어요.

"바퀴가 4개인가? 2개인가……. 아니, 바퀴가 아예 없는 거 같기도 한데?"

광수는 혼잣말처럼 중얼거리며 고개를 갸웃거렸어요. 눈동자도 대굴거렸어요.

"뭐야, 바퀴가 있는지 없는지도 몰라?"

수호는 어이가 없었어요.

그러는 사이 2학년 3반 교실 앞에 와 있었어요. 느릿느릿 온 탓에 교실에는 벌써 선생님이 앉아 계셨고 아이들은 조용히 책을 읽고 있었어요. 수업 전까지는 독서 시간이거든요.

"야, 그냥 말해 줘. 꿈이 뭐야?"

수호가 뒷문으로 들어가며 속삭였어요. 광수는 히죽 웃으며 고개를 젓고는 자기 자리로 걸어갔어요.

수호는 학급 문고에서 동화책 한 권을 고른 뒤 자리에 앉아 조용히 책을 읽었어요.

마침내 수업이 시작되었어요.
"여러분, 모두 꾸미기 숙제 잘 해 왔죠? 모두 책상 위에 꺼내 놓으세요. 차례로 나와서 발표할 거예요."
선생님의 말에 수호는 가방에서 꾸미기 숙제를 꺼내며 주위를 슬쩍 둘러봤어요. '꿈' 칸에 죄다 까만 글자가 들어차 있었어요.
곧 아이들이 차례로 나가 꾸미기 숙제를 내보이며 자신의 꿈을 발표했어요. 선생님, 축구 선수, 요리사, 크리에이터, 의사, 과학자 등 여러 꿈이 나왔어요.
다음은 정민이 차례예요. 정민이는 언제나처럼 생글거리며 앞으로 나갔어요.
"제 꿈은 변호사입니다."
"어머나, 우리 정민이 꿈은 변호사구나. 변호사는 무엇을 하는 사람일까요?"
선생님이 정민이에게 물었어요.
"몰라요, 선생님. 엄마는 제가 말을 잘한다고 변호사 되면 좋겠대요."

"그렇구나. 그럼 엄마 말고 정민이 꿈은 뭘까요?"

"모르겠어요."

정민이는 모른다면서 아주 씩씩하게 대답했어요.

"정민이가 좋아하거나 잘하는……."

"수호요, 선생님. 저는 수호가 좋아요."

선생님 말이 끝나기도 전에 정민이가 소리쳤어요. 그 바람에 아이들이 와르르 웃으며 수호를 봤어요. 수호는 얼굴이 빨개졌어요. 정민이는 여전히 해죽거리며 수호를 봤어요. 아주 자랑스러운 표정으로요.

"정민이는 솔직해서 좋구나. 그런데 사람 말고 정민이가 좋아하는 거 말이야. 노래 부르기를 좋아한다든가……."

"선생님, 저는 먹는 게 좋아요. 여기저기 다니면서 맛있는 거 많이 먹는 사람이 되고 싶어요."

정민이의 말에 아이들은 다시 와르르 웃음보가 터졌어요.

수호도 그만 웃고 말았어요. 아이들 앞에서도 먹는 게 좋다고 큰 소리로 말하는 정민이가 부럽기도 했어요.

"여러분, 왜 웃어요? 잘 먹는 사람이 되는 것도 참 좋아요. 맛있게 잘 먹으면 될 수 있는 직업도 여럿 있어요."

선생님의 말에 아이들이 웃음을 뚝 그쳤어요.

"텔레비전이나 SNS에서 먹는 방송이 인기잖아요. '먹방 크리에이터'가 될 수도 있고, 전국 곳곳을 다니면서 여러 음식을 먹어 보고 신문이나 잡지에 음식에 대한 글을 쓰는 음식 칼럼니스트가 되어도 좋겠지요. 물론 그러려면 글도 잘 쓸 수 있어야겠지요. 음식 맛을 다른 사람보다 뛰어나게 잘 느끼거나 맛있게 잘 먹는 것도 특별한 재능이에요."

선생님의 말에 아이들은 '와아!' 하며 정민이를 향해 박수를 쳤어요. 뜻밖의 칭찬에 정민이는 기분이 좋아져서 벙실대며 씩씩하게 자리로 돌아왔어요.

"또 누가 해 볼까?"

선생님의 말이 끝나기도 전에 광수가 두 손을 번쩍 들었어요.

"광수가 여태 발표를 안 했었구나. 어디, 광수 꿈 좀 들어 보자."

광수는 꾸미기 숙제를 들고 덜렁덜렁 앞으로 걸어 나갔어요.

"제 꿈은 우주 정복자입니다! 우주선을 타고 넓은 우주를 날아다니며 정복할 거예요. 그래서 외계인으로부터 우리 지구를 지킬 것입니다."

광수는 말하면서 수호를 향해 씩 웃었어요. '이제 내 꿈이 뭔지 알겠지?' 하는 표정이었어요.

남자아이들은 '와아!' 하는 함성과 함께 박수를 쳤고 여자아이들은 심드렁한 얼굴이었어요.

　그제야 수호는 아까 바퀴가 4개냐고 물었을 때 광수가 얼른 대답을 못 한 이유를 알 것 같았어요. 사실 수호도 우주선에 바퀴가 있는지 없는지 알 수 없었거든요.

수호는 광수의 꿈이 아주 멋져 보였어요. 광수는 힘도 세고 운동도 잘해요. 겁도 없고요. 얼마 전에는 '서서 미끄럼틀 타기' 시합에서 1등을 하기도 했어요.

우주복을 입고 가오리처럼 생긴 우주선을 탄 광수 모습은 금방 상상할 수 있었어요. 광수는 정말 멋진 우주 정복자가 될 수 있을 거예요.

"댕댕!"

선생님이 책상 위에 있는 종을 치자 교실은 금세 조용해졌어요.

"광수는 우주 정복자가 되고 싶구나. 그런데 음…… 광수야……. 정복은 누군가를 강제로 네 앞에 무릎 꿇게 하는 거야. 그건 알고 있니?"

광수는 고개를 크게 끄덕였어요.

"그럼 그게 옳은 일일까?"

선생님이 광수를 바라봤어요. 아이들의 눈길이 모두 광수에게로 향했어요. 광수는 아무 말이 없었어요. 생각하는 중인지 허공을 향해 눈만 대굴거렸어요.

"내가 좋다고 남을 힘들게 한다면 올바른 꿈일까?"

"아니요."

아이들이 여기저기서 대답했어요.

"하지만 선생님, 외계인인데요? 우리 지구인이 아니고요."

"그래, 외계인이 있는지 없는지는 선생님도 잘 모르겠구나. 그런데 너희 말대로 있다면 그 외계인들이 다 나쁜 걸까? 그들의 눈에는 우리 지구인도 외계인일 거야, 그렇지?"

선생님의 말에 아이들이 고개를 끄덕였어요. 수호도 선생님의 말씀이 맞다는 생각이 들었어요. 하지만 광수가 속상할까 봐 고개를 끄덕이진 않았어요.

"제가 좋아하는 가수도 세계 정복 후에 우주 정복하는 게 꿈이라고 했는데요?"

광수는 지지 않고 말했어요.

"광수야, 그건 너처럼 무기로 정복하겠다는 게 아니야. 지구에 있는 모든 사람들뿐 아니라 우주인들에게까지 자기의 음악을 좋아하게 만들겠다는 뜻이야."

광수는 입을 다문 채 시무룩한 얼굴을 했어요.

"선생님 생각엔 우리 광수가 생각의 방향을 조금 돌리면 참 훌륭한 꿈이 될 것 같아. 우리가 가 보지 못한 곳, 새로운

곳을 갔을 때도 정복이란 말을 쓴단다. 히말라야산맥처럼 너무 높고 험해서 아무나 갈 수 없는 곳의 정상까지 올라가면 '히말라야를 정복했다.'라고 하잖아. 우주에 있는 달도 마찬가지야. 1969년에 미국인 우주 비행사 닐 암스트롱이 우주선 아폴로 11호를 타고 가서 달에 착륙했어. 그래서 달을 정복했다고 해. 그것처럼 너도 외계인 말고 우주에 있는 수많은 행성을 정복하면 어떻겠니?"

선생님은 혹시라도 광수가 기분 상하지 않도록 천천히, 부드럽게 말했어요.

"선생님, 생각 좀 해 볼게요. 그냥 우주선을 타고 가서 내려앉기만 하는 건 별로 재미가 없을 거 같아서요. 저는 싸우는 걸 좋아하거든요."

광수가 심각한 얼굴로 말했어요.

"그래, 좋아. 천천히 생각해 보렴."

선생님이 광수의 등을 두드려 주며 말했어요. 하지만 광수는 기운이 쪽 빠져서 자리로 돌아갔어요.

# 잘못된 꿈도 있을까?

우주 정복이라는 광수의 꿈에 대해서 여러분은 어떻게 생각하나요? 허황된 꿈이라고 생각하나요, 아니면 멋진 꿈이라고 생각하나요?

달리기 경주에서 진 토끼가 거북이에게 앙갚음할 꿈을 꾸는 건요?

광수네 반 선생님 말씀처럼 다른 사람에게 해로운 꿈은 좋은 꿈이 아니에요.

자기 실력만 믿고 경주하다 잠이 든 토끼가 애꿎은 거북이에게 화풀이를 하면 안 되지. 경주에서 진 건 토끼잖아.

경주에서 승리한 거북이가 다음엔 진짜 달리기 실력으로 토끼를 이기겠다고 맹렬히 연습한다는 얘기를 들은 적이 있어. 거북이는 토끼가 아닌데 자신이 달리기를 잘한다고 착각하고 엉뚱한 꿈을 꾸면 안 될 것 같아.

내 능력에 맞는 꿈을 찾는 일이 필요한 것 같아요.

내 능력과 거리가 먼 꿈은 어차피 이루기도 힘들지. 열심히 노력해도 이룰 수 없다면 행복해질 수 없겠지.

토끼야, 넌 지금 어떤 꿈을 꾸고 있니?

## 소쌤의 인문 특강

# 빌리 엘리어트의 특별한 꿈

1980년대 영국 북부의 가난한 탄광촌에 사는 열한 살 소년 빌리는 아버지의 권유로 권투를 배우기 시작했단다.
어느 날 빌리는 발레 수업을 보고 그때부터 몰래 발레 연습에 몰두하는데, 보수적인 아버지에게 들켜 심한 반대에 부딪히고 말지.

"발레는 여자들이나 하는 것이고 남자라면 권투나 축구, 레슬링을 해야지!"

그러나 아들이 춤추는 모습을 본 아버지는 자신의 신념을 꺾고, 그 후 누구보다 열성적으로 빌리의 꿈을 응원한단다. <빌리 엘리어트>라는 이 영화의 마지막 장면은 《백조의 호수》 공연에서 한 마리 새가 되어 하늘로 날아오르는 빌리의 모습이야. 어려운 현실에서 이루기 힘든 꿈을 꾸었던 소년은 마침내 자신의 꿈을 이루게 된 것이지.

발레리노의 꿈을 이루기 위해 빌리가 이겨 낸 것들에는 또 무엇이 있을까? 엄마, 아빠와 영화를 보고 이야기 나누어 보렴.

다음 꿈들 가운데 여러분이 응원하거나
응원할 마음이 나지 않는 꿈이 있나요? 그 이유도 한번 생각해 보세요.

더 높이 하늘을
날고 싶은
갈매기의 꿈

일찍 일어나는
새가 되고 싶은
올빼미의 꿈

날씬해지고 싶은
돼지의 꿈

하늘을 향해
꼿꼿하게 자라고 싶은
대나무의 꿈

백옥같이
하얘지고픈
까마귀의 꿈

응원해 주고 싶어요!

별로 응원할 마음이 나지 않아요!

# 어떤 꿈을 꾸어야 할까?

광수야, 넌 정말 우주 정복자가 되고 싶어? 난 외계인들이 우리 지구로 와서 정복하는 게 싫어. 넌 좋아?

왜 우리가 정복 당하냐? 우리가 먼저 정복해야지. 이순신 장군도 일본을 정복했잖아.

음......

그건 아니지. 이순신 장군은 일본이 쳐들어와서 막아 낸 거잖아.

어, 그런가?

## 알아야 꿈을 꾸지!

수호는 엄마를 따라 집을 나섰어요.

"수호야, 내일 전시회도 가고 직업 체험관도 가자. 뭘 좀 알아야 꿈을 꾸지."

어젯밤에 엄마가 말했어요. 학교에서 꿈 발표 시간에 있었던 얘기를 듣고 한참을 곰곰이 생각한 끝에 말이죠.

"누나도 같이 가요?"

"아니, 누나는 많이 다녀서 싫대. 친구랑 약속도 있고. 우리 둘이만 가자."

수호와 엄마는 승용차를 타고 달려서 숲속에 쏙 들어앉은 전시관에 도착했어요.

"수호야, 이 전시관에는 여러 화가들의 다양한 작품이 모여 있대. 그래서 멀어도 이곳으로 온 거야. 천천히 둘러보자."

표를 끊으며 엄마가 말했어요.

1층으로 들어서자 입구에 관람 안내판이 세워져 있었어요.

"1층에 전시실이 세 곳이고, 2층에도 세 곳이네. 풍경화도 전시하고 인물화, 추상화, 정물화, 크로키……. 크로키가 뭐지?"

엄마는 스마트폰으로 검색을 했어요. 그러고는 이내 고개를 끄덕이며 수호에게 스마트폰 화면을 보여 주었어요.

수호가 다 읽고 나자 엄마는 스마트폰을 무음으로 바꾸며 물었어요.

"크로키는 직접 보면 어떤 건지 느낌이 오겠지. 수호야, 엄마랑 같이 둘러볼까, 아니면 각자 자유롭게?"

엄마랑 같이 다니면 이것저것 묻고 말하면서 내내 귀에다 소곤거릴 것 같았어요.

"자유롭게요."

"그래. 그림을 혼자 보며 느끼는 것도 좋지. 네 눈길 가는 대로 편히 봐. 다 보고 여기 입구에서 만나자."

엄마가 활짝 웃으며 손을 흔들었어요.

엄마가 화장실로 가는 걸 보며 수호는 풍경화가 있는 1관 전시실로 향했어요.

전시실에는 사람이 거의 없었어요.

넓은 전시실 사방 벽에는 크고 작은 그림들이 나란히 걸려 있었어요. 푸르른 산, 풀이 춤추는 들판, 파도가 일렁이는 바다, 눈이 환해지는 꽃길 같은 풍경 그림들이었어요. 사진인가 싶을 만큼 자연을 그대로 그려 낸 그림도 있고, 물감이 번진 것 같은 그림, 자잘한 점들을 콕콕 찍어서 그려 낸 그림도 있었어요.

2관은 온통 인물 그림이에요. 얼굴을 동그란 호박처럼 그린 그림도 있고, 아저씨와 아줌마를 눈사람처럼 그린 그림도 있었어요. 3관의 정물화까지 보고 2층으로 올라갔어요.

  4관 전시실을 들어선 순간 수호는 고개를 갸웃했어요. 여태 봤던 그림과는 아주 달랐어요. 스케치 느낌의 그림이었어요. 앉거나 뛰거나 누운 사람 모습도 있고 고양이나 개 그림도 있었는데, 마치 굵은 붓으로 먹을 듬뿍 찍어서 스윽 한 번에 그려 낸 느낌이었어요. 그 순간 엄마가 스마트폰으로 검색해서 보여 준 '크로키'란 말이 떠올랐어요.

  "이런 그림도 있구나."

  수호는 입을 벌린 채 고개를 끄덕였어요.

  5관의 '추상화'는 무엇을 그린 건지 잘 알 수가 없는 그림들이었어요. 그래도 사람들은 감탄하듯 고개를 끄덕이며 요리조리 위치를 옮겨 가며 그림을 보고 또 봤어요.

  5관을 나오는데 수호는 자기 집 거실 벽에 걸어 둔 그림이 떠올랐어요. 달팽이 두 마리가 꽃밭에서 노는 그림이랑 코끼리가 물가에서 긴 코로 물을 마시는 그림이요.

  "회오리바람에 눈도 달리고……. 상상력이 정말 풍부하다."

"호호, 그러게. 물을 쭉쭉 빨아올리는 저 물탱크 좀 봐."

그림을 보고 딱따구리 아줌마와 호호 아줌마가 한 말도 떠올랐어요. 웃음을 참느라 애쓰던 모습도요.

수호는 아줌마들도 여기 와서 이 그림들을 보면 좋겠단 생각이 들었어요. 그럼 수호 그림을 보고 웃지 않을 것 같았어요.

6관의 '초상화'까지 보고 나니 목마르고 배도 고팠어요. 1층으로 난 계단을 내려가는데 엄마가 입구에서 손을 흔들었어요.

"우리 수호 아주 열심히 보더라. 배고프지? 밥 먹으러 가자."

엄마를 따라 전시관 밖으로 나왔어요. 정원 한쪽에 있는 카페에서 돈가스도 먹고 아이스크림도 먹었어요.

"수호야, 엄마는 꽃 그림이 좋더라. 화사한 꽃을 보면 기분이 막 좋아지거든. 내가 만약 화가라면 꽃이 있는 풍경만 그릴 것 같아. 보는 사람도 기분 좋아지게. 너는? 넌 어떤 그림을 그리고 싶어?"

엄마의 갑작스런 물음에 수호는 입을 꼭 다문 채 눈만 슴벅거렸어요. 솔직히 어떤 그림을 그리고 싶은지는 생각해 본 적이 없었거든요.

"모르겠어요. 그냥 그리는 게 좋아요. 그리고 있으면 기분이 좋아요."

"그래, 그러면 됐지 뭐. 작가는 글로 말하고 화가는 그림으로 말한대. 좋아서 열심히 그리다 보면 네가 그림으로 말하고 싶은 것도 생기겠지. 자, 이제 직업 체험 하러 가자."

엄마가 일어서며 말했어요.

수호는 차 안에서 '그림으로 말하는 게 어떤 걸까?' 생각했어요. 정확히 알 수는 없지만 멋진 말 같았어요.

차는 넓은 잔디 공원으로 둘러싸인 거대한 건물 앞에 멈췄어요. 회색의 거대한 건물은 햇살을 받아 눈부시게 빛났어요. 마치 신비로운 성 같았지요.

"수호야, 왜 이제 와? 나 여태 너 기다렸단 말이야!"

건물 입구로 걸어가는데 광수가 달려오며 소리쳤어요. 그 뒤로 광수 엄마 모습도 보였어요.

"광수도 오면 좋을 거 같아서 어제 광수 엄마에게 연락했어."

엄마가 등 뒤에서 말했어요.

수호는 쩍 벌어진 입을 다물지 못했어요. 낯선 곳에서 광수를 만나니 더 반가웠어요.

"이건 안전 팔찌야. 네 정보가 입력되어 있으니까 체험할 때 이걸로 확인하고 들어가면 돼."

엄마가 시계처럼 생긴 노란 팔찌를 수호 손목에 채워 주었어요. 광수도 노란 팔찌를 찬 팔을 내보이며 웃었어요.

"얘들아, 가서 많이 많이 체험해. 알아야 꿈을 꾸잖아. 우린 밖에서 기다릴게."

엄마의 말에 아줌마도 주먹을 불끈 쥐며 응원을 보냈어요.

수호와 광수는 힘차게 손을 흔들고는 체험장으로 들어갔어요.

"우리 친구들, 행운이네. 오늘은 방문객이 별로 없어서 이것저것 맘껏 체험해 볼 수 있겠다. 체험장마다 시작 시간이 다르니까 잘 확인하면서 부지런히 체험해. 참, 너희 또래한테 인기 최고인 퀴즈 자동차도 있으니까 해 보고."

안내 부스에서 가리키는 곳에 여러 색의 자동차들이 보였어요. 일반 자동차 크기의 반만 해서 꼭 장난감 같았어요. 자동차 문에는 '도전, 직업 퀴즈!'라고 적혀 있었어요.

"와, 재밌겠다. 수호야, 우리 이거부터 해 보자."

광수가 수호를 잡아끌었어요.

자동차 옆에 선 안내 누나가 반갑게 맞았어요.

"우리 친구들, 퀴즈 도전할 거죠? 자, 발판을 딛고 자동차에 타 주세요."

수호와 광수는 나란히 자동차에 올라탔어요. 안내 누나가 안전벨트를 매 주었어요.

"직업 맞히기 초성 퀴즈예요. 글자의 첫 자음만 알려 주는 거죠. 예를 들어 '미용사' 초성 'ㅁ ㅇ ㅅ'을 드립니다. 5초 후에 미용실 그림을 보여 주고, 7초 후에는 그 직업의 뜻풀이가 나갑니다. 답은 마이크에 대고 말하면 돼요. 15초 안에 못 맞히면 벌칙이 나가요. 알겠죠? 시작 버튼을 누르면 게임이 시작돼요."

안내 누나의 말이 끝나자마자 광수가 재빨리 시작 버튼을 눌렀어요.

"어, 네 글자다. ㅇ ㄱ ㅇ ㅅ, 이게 뭐지?"

"그러게. ㅇ으로 시작하는 직업……."

수호와 광수는 서로 마주 보며 눈만 대굴거렸어요. 머릿속이 텅 빈 것처럼 아무 생각도 나지 않았어요.

"그림이다! 벌써 5초 됐나 봐. 저 그림 의사 아냐?"

하얀 가운을 입은 남자 그림이 나오자 광수가 말했어요.

> 수술을 하여 병, 기형,
> 손상 따위를 치료하는 의사

금세 뜻풀이가 나왔어요.

"그냥 끼워 맞혀 보자."

광수는 앞에 달린 마이크에다 오고의사, 오기의사, 아기의사 등 닥치는 대로 내질렀어요. 그러는 사이 금세 15초가 지나 버렸어요.

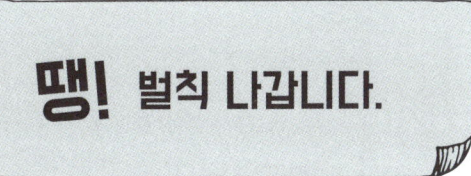

화면에 문구가 나오더니 갑자기 자동차가 빙글빙글, 흔들흔들 춤을 추었어요. 덩달아 수호와 광수도 빙글빙글 흔들흔들 춤을 추었어요.

"와하하, 벌칙이 엄청 재밌다."

광수가 몸을 흔들며 깔깔거렸어요. 수호도 벌칙치고는 재밌다는 생각을 하며 웃었어요.

자동차가 천천히 멈추더니 화면에 다시 문제가 나왔어요.

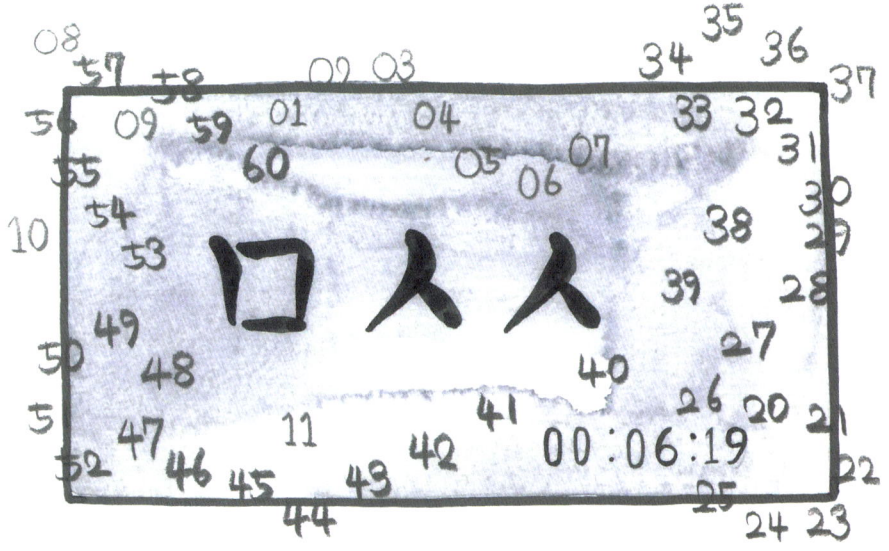

"수호야, 세 글자! ㅁ ㅅ ㅅ인 직업에 뭐가 있어?"

광수가 손바닥을 비비적거리며 다급하게 소리쳤어요.

수호도 생각해 보려 애썼지만 마음이 급하니 더 생각이 나지 않았어요.

5초가 되는 순간 그림이 나타났어요.

"알았다, 마술사!"

"ㅁ ㅅ ㅅ. 와, 맞네."

광수가 재빨리 마이크에다 '마술사'라고 외쳤어요. 막 7초가 되는 순간이었지요.

화면에 폭죽이 터지면서 자동차가 이번에는 부드럽게 춤을 추었어요.

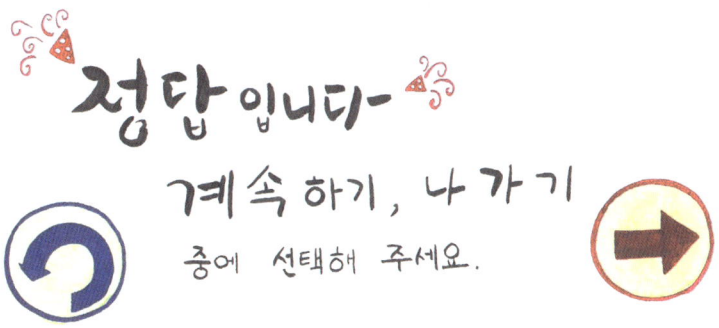

"재밌는데 좀 더 할까?"

광수가 물었어요.

"다른 체험 먼저 하고 나중에 또 하자."

수호의 말에 광수가 '나가기' 버튼을 눌렀어요. 안전벨트가 풀리면서 자동차 문이 열렸어요.

흔들흔들 춤을 춰서인지 신나고 기운도 났어요. 둘은 넓은 복도 양쪽으로 늘어선 체험장을 둘러보며 씩씩하게 걸었어요.

"광수야, 저기 곧 시작이래. 어서 가자."

수호는 '고생물학자 체험'이라고 적힌 곳을 가리켰어요. 줄에도 두 명밖에 서 있지 않았어요.

"고생물학자? 그게 뭔데?"

광수가 물었어요.

"몰라. 해 보면 알겠지."

"난 별론데. '학자'가 붙었잖아. 그럼 분명 공부하는 걸 거야."

광수는 다른 체험장을 힐끔거렸어요. 하지만 다른 곳은 '진행 중'이라는 빨간 불이 들어와 있었어요. 하는 수 없이 광수는 수호 뒤에 섰어요.

'시작' 불이 들어오자 앞에 선 아이들이 출입문에 안전 팔찌를 댔어요. '띠' 소리가 나자 안으로 들어갔어요. 수호랑 광수도 따라 했어요.

"어서 오세요. 이걸 쓰고 자리에 앉아 주세요."

탐험 복장을 한 아저씨가 모자를 나눠 주며 말했어요.

"여기는 고생물학자 체험장이에요. 여러분, 고생물학자가 뭔지 아세요?"

아저씨의 질문에 모두들 탐험 모자를 쓴 채 눈만 말똥거렸어요.

"옛날에 살았던 동물이나 식물 등을 연구하는 직업이에요. 지금은 멸종된 것 중에는 어떤 생물이 있을까요?"

"공룡이요."

수호가 얼른 대답했어요. 아저씨가 활짝

웃으며 고개를 끄덕였어요.

"암모나이트요."

또 다른 아이가 말했어요.

"맞아요. 바로 이렇게 생긴 나사조개죠."

아저씨가 주머니에서 고둥 모양의 화석을 내보였어요.

"고생물 연구는 이런 화석을 가지고 해요. 화석은 아주 먼 옛날에 살았던 생물의 껍질이나 뼈, 나뭇잎 같은 것이 땅속에 묻혀 오랜 시간이 흐르면서 단단하게 굳어진 걸 말해요."

아저씨는 말하면서 컴퓨터로 '쥐라기 공원'이라는 제목의 영화 화면을 보여 주었어요. 수호도 몇 번이나 본 영화예요.

"이 영화 본 친구들 있죠? 쥐라기 공원에 나오는 앨런 그랜트 박사가 바로 고생물학자예요. 공룡을 잘 알고 매우 좋아하죠. 우리도 공룡에 대해 좀 알아볼까요?"

아저씨는 공룡에 대해 여러 가지를 들려주었어요.

수호도 공룡에 대해 제법 알고 있었어요. 목이 길고 몸집이 아주 거대한 초식 공룡 브라키오사우루스는 육식 공룡이 공격할 때 꼬리로 막아 낸대요. 오리처럼 넓적한 주둥이를 가진 파라사우롤로푸스, 아시아에서 가장 큰 육식 공룡으로 사나운 이빨을 가진

흉포한 사냥꾼 타르보사우르스 등의 이야기를 수호는 귀를 쫑긋하며 들었어요.

"이야기만 들으니 지루하죠? 고생물학자가 되어 이제 화석 발굴을 시작해 볼까요?"

발굴이란 말에 광수가 제일 먼저 박수를 치며 좋아했어요. 가만 앉아 있자니 몸이 배배 꼬였거든요.

"여기 모래밭에 공룡 뼈가 묻혀 있어요. 여러분이 삽으로 조심조심 모래를 헤치고 뼈를 찾아 온전히 맞추는 거예요. 다 맞추면 공룡이 살아납니다. 자, 시작!"

아저씨의 신호에 수호와 광수, 다른 두 아이는 삽으로 모래밭을 헤집으며 공룡 뼈를 찾기 시작했어요. 처음엔 각자 이리저리 아무렇게나 헤치고 다녔어요.

"우리 넷이서 구간을 나눠서 찾아보면 어떨까?"

한 아이가 의견을 내자 광수가 얼른 모래밭을 네 부분으로 나눴어요. 각자 한 구역씩 맡아 차근차근 파헤쳤지요. 이내 너도나도 뼛조각을 찾아냈어요.

"와, 이제 머리만 찾으면 된다."

광수의 말에 모두들 신바람이 나서 다시 맡은 구역을 차근차근

헤집었어요.

그때 수호 삽에 뭔가 걸렸어요. 조심조심 파헤치자 머리뼈가 나왔어요. 마지막 조각이라고 생각하니 온몸이 찌릿했어요.

모두들 지켜보는 가운데 수호가 마지막 조각인 머리뼈를 끼웠어요. 전체 조각이 맞춰지자 공룡이 입을 쩍 벌렸어요.

"으악!"

아이들은 비명을 지르며 뒤로 물러났어요.

공룡은 발이랑 꼬리, 다리도 움직였어요.

"와, 티라노사우루스가 움직인다!"

아이들은 신이 나서 박수를 쳤어요.

"고생물학자님들, 아주 잘했어요. 협동해서 찾아내는 모습이 정말 멋졌어요. 그럼 여러분이 발굴한 공룡을 그대로 그려 내는 '팔레오 아티스트'가 되어 볼까요?"

낯선 단어에 모두들 눈을 슴벅거리며 아저씨를 봤어요.

"말이 어렵죠? 팔레오 아티스트는 고생물을 그리거나 조각하는 예술가를 말해요. 고생물은 사진을 찍을 수 없기 때문이에요."

아저씨를 따라 탁자로 자리를 옮기자 아저씨가 이번에는 종이와 연필, 자를 나눠 주었어요.

"여러분이 발굴한 화석의 크기를 재서 기록하고 모양도 그리는 거예요."

아저씨가 본을 보이자 모두들 자로 공룡 화석의 크기를 재서 기록지에 썼어요. 빈자리에 티라노사우루스의 모습도 열심히 그려 넣었어요.

"고생물학자가 무엇인지 이제 좀 알겠죠? 모두들 훌륭하게, 너무 잘했어요."

수호는 아저씨의 칭찬을 듬뿍 받으며 고생물학자 체험장을 나왔어요. 처음 보고 듣고 체험한 직업이지만 즐거웠어요. 수호는 바로 옆에 있는 '고고학자 체험'에도 눈이 갔어요. 그러자 광수가 얼굴을 찡그렸어요.

"또 학자? 난 다른 거 할래. 움직이는 체험이 좋아."

광수가 맞은편의 '해양 경찰 구조대' 간판을 가리키며 기대에 찬 얼굴로 말했어요.

광수가 손을 흔들며 멀어지자 수호는 '고고학자 체험' 쪽으로 걸음을 옮겼어요.

# 인문철학 왕 되기

## 내 꿈을 찾아볼까?

어쩌면 꿈을 찾는 것부터 꿈을 이루는 과정이 시작되는 거라고 할 수 있어요. 그러므로 꿈을 이루려면 꿈을 공부해야 할 뿐만 아니라 자기 자신에 대해서도 알아야 한답니다.

하늘을 나는 꿈을 꾸면 반드시 조종사가 돼야 하는 건가요?

나는 커다란 비행기를 조종하는 조종사가 되고 싶어요. 사람들이 사는 도시와 논밭을 저 아래 두고 구름을 헤치며 하늘 높이 날아가는 기분은 얼마나 멋질까요?

며칠 전 TV에서 서커스를 봤는데 공중그네를 타는 모습이 아찔했어요. 곡예사가 높은 곳에서 날개가 달린 듯 자유롭게 날아다니더라고요.

하늘을 나는 비행기 조종사가 되는 꿈이 하늘을 나는 꿈보다 더 확실한 꿈인 것 같긴 해요.

곡예사는 잠시나마 하늘을 나는 기분을 느꼈을지도 모르겠다. 그치?

미래에는 하늘을 나는 꿈에 비행기 조종사뿐만 아니라 우주선 조종사도 들어갈 수 있겠군요. 하늘을 나는 꿈은 범위를 넓힐 수 있어 더 자유로운 꿈이네요.

너희들이 아주 멋진 결론을 냈구나. 하늘을 나는 기분을 최우선으로 한다면 복잡한 기계를 다루느라 계기판에 집중해야 하는 조종사는 맞지 않을지도 모르지. 내가 정말 좋아하는 것이 무엇인지 곰곰이 따져 볼 필요가 있단다.

## 소쌤의 창의특강

### 작은 꿈을 이루는 과정

노르웨이에서 태어난 아문센(1872~1928)은 어려서부터 극지 탐험가가 꿈이었단다. 그래서 겨울에도 창문을 열어 둔 채 잠들고 얼음물로 목욕을 하는 등 추위에 견디는 훈련과 함께 축구, 달리기 등을 하면서 체력을 길렀지. 어른이 되어서는 선장 자격을 따고 바다와 날씨에 대해 공부하며 탐험가가 되기 위한 준비를 해 나갔단다.

한때 의사가 되길 바라는 어머니의 뜻에 따라 의대에 진학했지만, 수업에 흥미를 느낄 수 없었다고 해. 그래서 어머니가 돌아가시자 학교를 그만두고 그린란드로 탐험을 떠났어.

그곳에서 아문센은 에스키모들로부터 개가 끄는 썰매를 타는 법, 얼음집 이글루를 짓는 법, 그리고 동물 가죽으로 옷을 해 입는 법을 배워 극지에서 살아남는 법을 배웠단다. 그리하여 마침내 1911년, 남극점에 최초로 도달하여 자신의 오랜 꿈을 이루게 된 거야.

아문센이 꿈을 이루기 위해 어떤 노력을 했는지 빈칸을 채워 볼까?

아문센의 결심

↓

"나는 극지 탐험가가 될 거야!"

↓

① ② ③ ④

↓

날씨 공부하기

↓

그린란드로 탐험 떠나기

↓

개 썰매 타는 법 배우기 ⑤ ⑥

↓

남극점 탐험 성공!

보기 답 ❶ 북극으로 향하는 배의 선원 되기 ❷ 가족에게 탐험을 알리기 ❸ 높은 산 오르기 ❹ 달리기 하기 ❺ 얼음물 속 수영 연습 하기 ❻ 동물 가죽으로 옷 만들어 입기 ❼ 탐험 떠날 배 빌리기

## 괜찮아, 다 괜찮아!

　수호는 꾸미기 숙제를 앞에 놓고 한숨을 쉬었어요.
　**전시회와 직업 체험관도 다녀왔지만 아직도 수호의 고민은 해결되지 않았어요.** 화가도 되고 싶고, 프로 바둑 기사도 되고 싶었어요. 어제 체험한 고생물학자나 고고학자에도 마음이 끌렸고요.
　'수호야, 꾸미기 숙제를 저 뒤 솜씨 난에 붙이기로 한 것 알지? 네 것만 빠지면 안 되잖아. 주말 동안 좀 더 생각해 보고 써 오자.'
　선생님의 말씀이 떠오르자 마음이 한층 무거워졌어요.
　수호는 긴 숨을 내쉬며 책장을 올려다봤어요. 그때 책꽂이에 놓인 사진이 눈에 들어왔어요. 유치원 졸업식 때 장미 반 선생님과 찍은 사진이에요. 장미꽃처럼 예뻐서 아이들 모두 장미 선생님이라고 불렀어요. 언제나 웃는 얼굴로 뭐든 척척 해 주셨던 선생님은 수호가 제일 좋아하는 분이에요. 장미 선생님 사진을 보자 어두운 가슴속으로 환한 빛이 스미는 기분이었어요.

'수호야, 선생님 보고 싶으면 언제든 놀러 와. 고민 있을 때도 오고. 알았지?'

졸업식 날 장미 선생님이 등을 토닥이며 한 말도 떠올랐어요.

'보고 싶다, 장미 선생님……. 문자라도 드려 볼까?'

수호는 휴대 전화를 열고 장미 선생님 연락처를 눌렀어요.

보내기 버튼을 누르는데 가슴이 콩콩 뛰었어요.

'선생님이 답장을 주실까?'

수호가 이런 생각을 하고 있는데 문자 알림이 울렸어요. 얼른 화면을 켜니 장미 선생님에게 온 문자예요.

> 어머나! 우리 수호구나. 나랑 마음이 통했네. 지금 놀러 올래? 나 유치원이야. 일이 있어서 잠깐 나왔어.

수호의 가슴이 쿵쿵쿵 마구 널뛰기를 했어요.

> 네, 지금 갈게요. 선생님.

수호는 답 문자를 보내고 얼른 겉옷을 걸쳤어요.

"누나, 나 유치원에 장미 선생님 만나러 갔다 올게."

소파에 엎드려 휴대 전화를 보고 있던 누나가 고개를 들었어요.

"바보야, 오늘 일요일이야!"

"나 바보 아니거든! 일요일인데 잠깐 나오셨대."

수호는 빠르게 말하고 현관을 나섰어요. 10분 거리의 유치원까지 한달음에 달렸어요.

　유치원 대문은 활짝 열려 있었어요. 강중거리며 마당으로 들어서는데 선생님이 현관문을 밀고 나왔어요.

　"어서 와라, 우리 수호! 그새 많이 컸네."

　선생님이 활짝 웃으며 수호를 향해 두 팔을 쫙 벌렸어요.

수호는 달려가 선생님을 와락 껴안았어요. 선생님이 그 옛날처럼 수호 등을 토닥토닥 해 주었어요. 눈물이 핑 돌았어요. 가슴이 말랑말랑해지는 것 같았어요.

"들어가자. 우리 수호가 좋아하는 딸기 주스 만들어 놨어."

선생님 손을 잡고 교실 안으로 들어갔어요.

빨간 탁자 위에 주스 두 잔이랑 쿠키 접시가 놓여 있었어요. 수호는 선생님이랑 나란히 앉으니 기분이 좋았어요.

"초등학생이 되니까 어때?"

수호는 주스를 마시며 담임 선생님과 새 친구들, 낯선 과목들에 대해 신나게 얘기했어요. 하지만 숙제 얘기에서 그만 다시 마음이 무거워졌어요.

"우리 수호, 걱정거리 있구나?"

선생님이 수호 눈을 가만히 들여다보며 물었어요.

역시 선생님은 달라요. 금방 수호의 마음을 알아채요. 유치원 때도 그랬어요. 광수 때문에 속상해하면 금방 알아채고 수호의 마음을 풀어 주곤 했어요.

수호는 꾸미기 숙제며 전시장과 직업 체험장 다녀온 얘기를 했어요. 체험장을 다녀오니 하고 싶은 게 더 많아져서 고민이란 것까지도요.

"수호야, 되고 싶은 게 아무것도 없어도 괜찮고, 너무 많아도 괜찮아. 왜냐하면……."

선생님이 그 옛날처럼 '왜냐하면'을 길게 빼면서 수호랑 눈을 맞추었어요.

그건 '묻고 대답하기' 놀이예요. 수호는 늘 이 놀이가 좋았어요. 답이 맞아도 답이 틀려도 선생님은 언제나 잘했다며 박수를 쳐 주었거든요. 하지만 이번에는 답을 할 수 없었어요. 왜 꿈이 하나도 없어도 괜찮고 너무 많아도 괜찮은지 알 수가 없었거든요.

"모르겠어요, 선생님."

"그래, 솔직한 우리 수호 잘했어. 왜냐하면 되고 싶은 게 아무것도 없다는 건, 반대로 할 게 무궁무진 많다는 뜻이기도 하거든. 그러니까 괜찮아. 너무 많아도 괜찮은 이유는 앞으로 그 많은 걸 다 해 보면 되니까. 왜냐하면……."

선생님이 또 '왜냐하면'을 길게 빼며 수호를 봤어요. 하지만 이번에도 수호는 고개를 저었어요.

"선생님, 이번에도 모르겠어요."

"모르는 걸 모른다고 하는 건 참 멋진 거야. 몰라서 괜찮아. 왜 괜찮은가 하면 너는 이제 아홉 살이니까. 생각할 시간도, 알아 갈 시간도 엄청 많은, 이제 아홉 살 수호니까."

선생님이 이렇게 말하고 웃었어요.

"네, 이제 아홉 살이니까!"

그제야 수호도 활짝 웃었어요. 마음이 편해졌어요.

"그런데 수호야, '꿈'을 꼭 직업으로 생각할 필요는 없어. 그럼 네 꿈 바구니가 너무 작아지거든. 우리 꿈을 다른 방법으로 찾아보자. 수호는 어떤 사람이 되고 싶어?"

'어떤 사람?'

수호는 고개를 갸웃했어요. '꿈이 뭐야?' 하는 질문은 많이 받았지만 '어떤 사람이 되고 싶냐'는 질문은 처음이었거든요. 그러니 어떤 사람이 되고 싶은지에 대해서는 한 번도 생각해 본 적이 없었어요.

"모르겠어요. 그런데 엄마는 누군가에게 도움을 주는 사람이 되고 싶었대요."

"어머나, 역시 수호 어머님은 참 따뜻하신 분이시구나. 그 꿈은 엄마도, 엄마에게 도움을 받을 분들도 모두 행복할 수 있는 참 멋진 꿈이네. 엄마의 꿈을 이룰 수 있는 직업에 뭐가 있나 볼까?

의사의 진료를 도우며 환자를 돌보는 간호사도 있고, 치과 위생사, 사회 복지사, 요양 보호사님……. 어때, 이렇게 하니까 꿈 바구니가 훨씬 풍성해지지?"

선생님의 말에 수호는 마구 고개를 끄덕였어요.

엄마의 꿈 바구니가 풍성해지니까 수호 마음도 느긋하고 풍성해지는 거 같았어요.

"그런데요 선생님, 그런 꿈은 어른이 돼서 이룰 수 있는 거잖아요. 너무 먼 나중 일 같아요."

수호의 말에 선생님이 빙그레 웃었어요.

"수호야, 우리 오랜만에 도미노 쌓기 할까?"

수호는 선생님의 엉뚱한 말에 눈을 동그랗게 떴어요.

도미노 쌓기는 유치원 다닐 때 선생님이랑 자주 했던 놀이예요. 새로운 것을 생각해 내는 능력도 좋아지고 참을성과 집중력도 좋아진다고 말이죠.

수호는 선생님을 따라 넓은 놀이방으로 향했어요.

"바닥에 커다랗게 밑그림부터 그려 볼까? 우리 수호, 그림 그리는 거 좋아하잖아."

"잘 못 그리면 어떡해요?"

"지우고 다시 그리면 되지. 네 그림이니까 네 맘대로 맘껏 그려 보렴."

선생님이 하얀 분필이랑 지우개를 내밀었어요.

수호는 나뭇잎 위에 앉아 쉬고 있는 나비를 그리고 싶었어요. 그런데 늘 스케치북에만 그렸기 때문에 넓은 바닥에 그리자니 쉽지 않았어요. 지웠다 그리기를 한참이나 반복한 끝에 간신히 완성했어요.

"와, 세상에 하나밖에 없는 이수호표 나비 그림이네. 아주 멋지다. 그럼 나는 나비가 쉬다가 와서 꽃꿀 먹게 빨간 백일홍 꽃을 그

려야겠다."

선생님은 옷소매를 걷어 올리고는 분필을 쓱쓱 싹싹 움직이더니, 나비 그림 옆에 여러 송이 꽃이 핀 백일홍 한 그루를 그려 넣었어요.

"자, 그럼 각자 블록을 쌓아 볼까?"

선생님이 블록이 든 상자를 수호 옆에 놔 주었어요.

수호는 이파리의 끝부분인 잎자루부터 블록을 놓기 시작했어요. 선생님은 백일홍 밑동부터 시작했어요.

블록을 차례로 놓다 보니 허리가 아팠어요. 어깨도 아프고 목도 아팠어요. 그래도 수호는 흐르는 땀을 닦아 내며 열심히 블록을 이어 갔어요.

마지막으로 나비의 더듬이까지 완성하고는 바닥에 벌렁 누웠어요. 끝냈다는 기쁨으로 가슴이 벅찼어요.

"와, 이 힘든 걸 해 냈구나! 잘했어, 우리 수호!"

선생님의 칭찬에 수호는 얼른 몸을 일으켰어요. 선생님의 백일홍 꽃 그림에도 블록이 빼곡히 채워져 있었어요.

"자, 이제 뒤로 물러나서 그림을 보자."

선생님의 손에 이끌려 수호는 뒤로 몇 발짝 물러났어요. 그림은 아주 멋졌어요.

"수호야, 블록 하나하나가 모여 커다란 그림이 되었잖아. 꿈도 마찬가지야. 블록 하나하나가 작은 꿈이라고 할 수 있지. 오늘의 꿈, 내일의 꿈, 그리고 또?"

"모레의 꿈이요?"

"그렇지! 그리고 다음 주의 꿈, 올해의 꿈, 내년의 꿈……. 이렇게 하나씩 꾸고 이루다 보면 작은 꿈들이 연결되어 하나의 큰 꿈이 완성되는 거야. 뭐든 하루아침에 갑자기 되는 건 없단다. 그러니까 오늘 내가 할 수 있는 작은 꿈 하나를 찾아 실천하는 게 큰 꿈을 이루는 방법이야."

선생님의 얘기를 들으니 수호는 불끈 기운이 났어요.

"오늘의 꿈, 내일의 꿈, 올해의 꿈……."

그 순간 수호는 머릿속에 번쩍 떠오르는 게 있었어요.

꾸미기 숙제의 '꿈' 자리를 메울 수 있을 것 같았어요. 기쁨으로 가슴이 환해졌어요.

"수호야, 이제 우리 도미노 쌓기 최고의 기쁨을 누려 볼까?"

선생님이 눈을 찡긋하며 꽃나무 밑동에 손가락을 댔어요. 수호도 얼른 그림의 시작점인 잎자루의 첫 블록에 손가락을 댔어요. 가슴이 쿵쿵 뛰었어요.

수호와 선생님은 마주 보고 고개를 끄덕이며 동시에 블록을 살짝 밀었어요. 첫 블록이 넘어지면서 두 번째 블록을 쓰러뜨렸어요. 다시 세 번째, 네 번째, 다섯 번째……. 블록이 차례로 좌르르 몸을 누이면서 초록색 나뭇잎 위에서 쉬고 있는 나비와 탐스럽고 빨간 꽃송이를 피운 백일홍이 동시에 살아서 움직였어요.

수호는 눈물이 핑 돌았어요. 기쁘면서도 행복했어요. 가슴속에서 무지갯빛 방울들이 한꺼번에 밀려오는 듯했어요. 마침내 둥둥 하늘로 날아오르는 것 같았어요.

"수호야, 바로 이런 기분일 거야. 꿈을 이루고 나면 말이야."

선생님이 수호의 손을 잡았어요.

수호는 벅찬 가슴으로 마구 고개를 끄덕였어요.

**선생님 말씀처럼 매일매일 작은 꿈들을 하나씩 이뤄 가면 마침내 큰 꿈에 닿을 거예요.**

'2학년의 꿈 – 바둑 9급 따기'

수호는 마음속으로 꾸미기 숙제의 '꿈' 칸에 바로 이렇게 써 넣

115

었어요.

　마음이 홀가분해지면서 불끈 기운도 났어요.

　수호는 선생님 손을 꼭 잡고 다시 그림을 봤어요.

　나뭇잎 위의 나비가 접은 날개를 펴고 금세 훨훨 날아오를 것 같았어요.

# 만일 나라면?

결국 큰 꿈을 이루기 위해서는 작은 꿈이 중요한 거군요. 수호가 '바둑 9급을 따는 2학년의 꿈'을 정한 것처럼요.

그래, 작은 꿈들을 이루면서 큰 꿈을 꿀 수 있겠지. 수호가 바둑을 배워 논리적인 사고를, 그림을 그려 대상을 관찰하는 법을 익힌다면 바둑 기사나 화가가 아닌 다른 꿈을 가질 수도 있고, 그 꿈을 이루는 데도 도움이 될 거야.

맞아요. 이왕이면 오늘 당장, 지금 실천할 수 있는 작은 꿈이 좋겠어요. 우리 누나의 '다이어트'처럼 맨날 내일부터 하려는 꿈은 엉터리예요.

오늘 당장, 지금부터 꿈 이루기 프로젝트! 멋지다! 그나저나 오늘부터 실천할 내 꿈에 대해 본격적으로 궁리해 봐야겠어요!

 여러분이 수호와 같은 경우라면, 꿈을 찾아 나가기 위해 어떤 노력을 할 수 있을까?

**만일 나라면,**

## 위인들의 꿈 찾기

위인들은 어떤 꿈을 꾸고, 결국 어떤 직업을 가진 사람이 되었을까요?
다음 보기들을 서로 맞게 연결해 보세요.

소크라테스

① 밤을 낮같이 밝히고 싶어!

탐험가

에디슨

② 아픈 사람을 돕고 싶어!

간호사

나이팅게일

③ 극지를 탐험하고 싶어!

철학자

아문센

④ 나 자신을 알고 싶어!

발명가

답: ④-소크라테스/철학자 - ①-에디슨/발명가 - ②-나이팅게일/간호사 - ③-아문센/탐험가

## 여러분의 꿈을 표현해 봐요!

여러분은 지금 어떤 꿈을 갖고 있나요? 나중에 어떤 사람이 되고 싶나요? 또는 어떤 직업을 갖고 싶나요? 자유롭게 글과 그림으로 표현해 보세요.

유명하고 위대한 사람만 꿈을 꾸는 게 아니란다.

**200만 부 판매 돌파!**

# AI 시대 미래 토론

✅ 뭉치북스가 만든 국내 최초 토론책!  ✅ 초등 국어
✅ 한국디베이트협회와 교

- 01 함께 사는 로봇
- 02 원시인도 모르는 공룡
- 03 더 멀리 더 높이 더 빨리 스포츠 과학
- 04 까만 우주 속 작은 별
- 05 노벨도 깜짝 놀란 노벨상
- 06 지켜라! 멸종 위기의 동식물
- 07 도시의 과학 수사대
- 08 살아 있는 백두산
- 09 콜록콜록! 오늘의 황사 뉴스
- 10 엇! 이런 발명가, 왜 저런 발명품
- 11 아낄수록 밝아지는 에너지
- 12 과학 Cook! 문화 Cook! 음식의 세계
- 13 과학을 훔친 수상한 영화관
- 14 끝없이 진화하는 무서운 전염병
- 15 지구 온난화와 탄소배출권
- 16 먹을까? 말까? 먹거리 X파일
- 17 우리 몸을 흐르는 피와 혈액형
- 18 진짜? 가짜? 가상현실과 증강현실
- 19 두근두근 신비한 우리 몸속 탐험
- 20 우리를 위협하는 자연재해
- 21 봄? 가을? 경계가 모호해지는 사계절
- 22 세균과 바이러스 꼼짝 마! 약과 백신
- 23 생태계의 파괴자? 외래 동식물
- 24 콸콸콸~ STOP!!! 우리나라도 위험해요, 소중한 물
- 25 오늘도 나쁨! 작아서 더 무서운 미세먼지
- 26 식량 위기에서 인류를 구할 미래 식량
- 27 썩지 않는 플라스틱! 지구와 인간을 병들게 하는 환경 호르몬
- 28 나와 똑같은 또 다른 나, 인간 복제
- 29 미래의 디지털 첨단 의료
- 30 땅속 보물을 찾아라! 지하자원과 희토류
- 31 농사일부터 우주 탐사까지, 미래는 드론 시대
- 32 알쏭달쏭 미지의 세계, 뇌
- 33 얼마나 작아질까? 어디까지 발달할까? 나노 기술과 첨단 세계
- 34 찾아라! 생명체가 살 수 있는 또 다른 별, 제2의 지구
- 35 배울수록 더 강해지는 인공 지능
- 36 창조론이냐? 진화론이냐?
- 37 다윈이 들려주는 진짜진짜 진화론
- 38 모두모두 소중한 생명! 멈춰요 동물 실험
- 39 유해할까? 유용할까? 생활 속 화학 물질
- 40 46억 년의 비밀, 생명을 살리는 지구
- 40 과학자가 가져야 할 덕목, 과학자 윤리와 책임

# 공부다!

## 인재를 위한 과서

### 과학토론왕
과학토론왕 40권 + 독후활동지 40권
**전 80종 / 정가 580,000원**

### 사회토론왕
사회토론왕 40권 + 독후활동지 40권
**전 80종 / 정가 580,000원**

- 한우리 추천도서
- 경향신문 추천도서
- 경기도 초등토론 교육연구회 추천
- 경기도 지부 독서 골든벨 선정도서
- 환경정의 어린이 환경책 권장도서
- 한국 아동문학인협회 우수도서
- 학교도서관 사서협의회 추천도서

선정 도서! ✓ 활용 만점 독후 활동지 각 권 제공!
문가들이 강력 추천한 책!

| | | | |
|---|---|---|---|
| 01 우리 땅 독도 | 13 바람 잘 날 없는 지구촌 국제 분쟁 | 24 우리는 이웃사촌! 함께 사는 사회 | 33 뚜아뚜아별의 법을 부활시켜라! |
| 02 생활 속 24절기 | 14 믿음과 분쟁의 역사 세계의 종교 | 25 틀린 게 아니라 다른 거라고? 글로벌 에티켓 | 34 생활 속 이야기 |
| 03 세계를 담은 한글 | 15 인공 지능으로 알아보는 미래 유망 직업 | 26 신통방통 지혜가 담긴 | 35 하늘·땅·바다 어디서나 조심조심! 어린이를 위한 교통안전 |
| 04 정정당당 선거 | 16 지역 이기주의 님비 현상 | 우리의 세시 풍속과 전통 놀이 | 36 함께 만들어요! 함께 누려요! 모두의 사회 복지 |
| 05 우리의 유네스코 세계 유산 | 17 더불어 사는 다문화 사회 | 27 출발, 시간 여행! 유네스코 세계 문화유산 | 위아더월드, 도움의 손길이 필요해요, 세계 빈곤 아동 |
| 06 좋아? 나빠? 인터넷과 스마트폰 | 18 함께 사는 세상 소중한 인권 | 28 아이는 줄고! 노인은 늘고! 달라지는 인구 | 37 환경 덕후 오총사가 간다, 지켜라! 지구 환경 |
| 07 함께라서 좋아! 우리는 가족 | 19 세계를 사로잡은 문화 콘텐츠 한류 | 29 우리는 하나! 세계로! 미래로! 통일 한국 | 38 전쟁 NO! 평화 YES! 세계를 미치는 힘, 국제기구 |
| 08 한민족, 두 나라 여기는 한반도 | 20 변치 않는 친구 반려동물 | 30 레벨업? 섯다운? 슬기로운 게임 생활, 벗어나요 게임 중독 | 39 더 멀리, 더 빠르게! 미래 교통과 통신 |
| 09 너도 나도 똑같이 생명 존중 | 21 왕따는 안 돼! 우리는 소중한 친구 | 31 살아 있어 행복해! 곁에 있어 고마워! | 40 알아서 척척, 똑똑한 미래 도시, 꿈의 스마트 시티 |
| 10 돈 나와라 똑딱! 경제 이야기 | 22 여자? 남자? 같은 것과 다른 것! 성과 양성평등 | 소중한 생명 | |
| 11 시골시골 지구촌 민족 이야기 | 23 모두가 행복한 착한 초콜릿, 아름다운 공정 무역 | 32 나도 크리에이터! 시끌벅적 1인 미디어 세상 | |
| 12 앗! 조심해! 나를 지키는 안전 교과서 | | | |

경기도 사서협의회 추천도서  한국교육문화원 추천도서  아침독서 추천도서

100만 부 판매 돌파!

## 수학이 쉬워지고, 명작보다 재미있는
# 뭉치수학왕

정부 기관 선정 우수 도서상을 많이 수상한 믿을 수 있는 시리즈!

<뭉치 수학왕> 시리즈는 미래의 인재로 키워 줘.

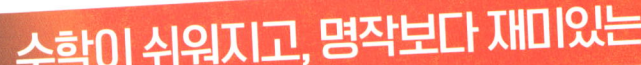

"**인공지능(AI) 시대의 힘은 수학에서 나온다!**"

### 개념 수학

**〈수와 연산〉**
1 양치기 소년은 연산을 못한대
2 견우와 직녀가 분수 때문에 싸웠대
3 가우스, 동화 나라의 사라진 0을 찾아라
4 가우스는 소수 대결로 마녀들을 물리쳤어
5 앨런, 분수와 소수로 악당 히들러를 쫓아내라
6 약수와 배수로 유령 선장을 이긴 15소년

**〈도형〉**
7 헨젤과 그레텔은 도형이 너무 어려워
8 오일러와 피노키오는 도형 줄 대회 1등을 했어
9 오일러, 오즈의 입체도형 마법사를 찾아라
10 유클리드, 플라톤의 진리를 찾아 도형 왕국을 구하라
11 입체도형으로 수학왕이 된 앨리스

**〈측정〉**
12 쉿! 신데렐라는 시계를 못 본대

13 알쏭달쏭 알라딘은 단위가 헷갈려
14 아르키는 어림하기로 걸리버 아저씨를 구했어
15 원주율로 떠나는 오디세우스의 수학 모험

**〈규칙성〉**
16 떡장수 할머니와 호랑이는 구구단을 몰라
17 페르마, 수리수리 규칙을 찾아라
18 피보나치, 수를 배열해 비밀의 방을 탈출하라
19 비례배분으로 보물섬을 발견한 해적 실버

**〈자료와 가능성〉**
20 아기 염소는 경우의 수로 늑대를 이겼어
21 파스칼은 통계 정리로 나쁜 왕을 혼내 줬어
22 로미오와 줄리엣이 첫눈에 반할 확률은?

**〈문장제〉**
23 개념 수학-백점 맞는 수학 문장제①
24 개념 수학-백점 맞는 수학 문장제②
25 개념 수학-백점 맞는 수학 문장제③

### 융합 수학
26 쌍둥이 건물 속 대칭축을 찾아라(건축)
27 열차와 배에서 배수와 약수를 찾아라(교통)
28 스포츠 속 황금 각도를 찾아라(스포츠)
29 옷과 음식에도 단위의 비밀이 있다고?(음식과 패션)
30 꽃잎의 개수에 담긴 수열의 비밀(자연)

### 창의 사고 수학
31 퍼즐탐정 셜록홈즈①-외계인 스콜피오스의 음모
32 퍼즐탐정 셜록홈즈②-315일간의 우주여행
33 퍼즐탐정 셜록홈즈③-두근박죽 백설 공주 구출 작전
34 퍼즐탐정 셜록홈즈④-'지지리 마란드러' 방학 숙제 대작전
35 퍼즐탐정 셜록홈즈⑤-수학자 '더하길 모테'와 한판 승부

36 퍼즐탐정 셜록홈즈⑥-설국언차 기관사 '어러도 달리능기라'
37 퍼즐탐정 셜록홈즈⑦-해설 및 정답

### 수학 개념 사전
38 수학 개념 사전①-수와 연산
39 수학 개념 사전②-도형
40 수학 개념 사전③-측정·규칙성·자료와 가능성

### 독후 활동지

본책 40권+독후 활동지 7권
정가 580,000원